讲给孩子的妙趣中国史 ⑧

姜天一 著

天津出版传媒集团

天津人民出版社

第 16 章

后继乏力的明朝

204 朱元璋不用 CEO

各位同学，大家好，我就是那个人见人爱、花见花开、车见车爆胎的姜 sir。

大家好，我就是那个负责问问题的小 Q 同学。

姜 sir：元末明初，经过数十年的战乱，土地荒芜、人口减少，特别是河南、山东两地，居然出现了人烟绝迹的地方，而这些问题，都留给了朱元璋。

小 Q：我猜朱元璋肯定要大力发展农业，休养生息。

姜 sir：朱元璋做的第一件事就是移民。当时中原地区人口太少了，1370 年到 1417 年间，明朝政府仅在山西就组织了 18 次大的官方移民，近百万人迁往河南、山东、安徽等地。传说这些移民很多都是在山西洪洞大槐树下会集，然后再去往其他地方，所以这里也成了以"寻根"和"祭祖"为主题的国家5A级旅游景区。

小Q：估计移民过来的，国家也会给土地去耕种吧？

姜sir：所有和生产有关的，包括来时的路费，国家都负责。同时耕种的土地就归你了，如果主人回来，也不用还了，国家重新给主人补偿其他土地，你放心大胆地种田就可以。

小Q：这个政策不错，有利于恢复农业。

姜sir：朱元璋还出台了一系列的政策，包括税收等，积极鼓励生产。13年间，耕地面积增长了近70倍。

同时，朱元璋特别痛恨贪官。因为他自己出身贫苦，从小饱受元朝贪官污吏的敲诈勒索，如果不是那些官员贪污掉原本应该发到灾民手中的救济粮，他的父母、哥哥、侄子便不会饿死，他也不会家破人亡、流离失所，受尽世人的白眼。于是，朱元璋在全国掀起了轰轰烈烈的"反贪官"运动——贪污60两银子以上的官员直接杀。

小Q：这么狠，60两也不多呀。

姜sir：明朝时期，农民的平均年收入也就28两左右，这60两都相当于普通农民两年半的收入了。60两这个标准也反映了朱元璋对贪腐零容忍的态度，以及彻底反贪的决心。

同时，朱元璋觉得"一刀杀"太便宜了这群贪官，于是采用了挑筋、断指、断手等残酷的刑罚，还出版了中国历史上第一本反贪污教材《醒贪简要录》。

为了更好地打击贪官污吏，朱元璋还提出了击鼓鸣冤的办法，老百姓可以随时来到皇帝面前告状。还允许百姓上访，甚至还可以将这些贪官污吏绑起来送到相关部门。

小Q：这么严厉，应该没人敢贪污了吧？

姜sir：最后明朝出现了官员不够用的现象，国家行政运行体系出现了停滞的状况，因为官员要么被砍头了，要么被流放了，所以衙门里的活儿，快没人干了。

但即便是这样，贪污现象始终未被根除，相反，贪官污吏却越来越多。其中一个原因就是明朝给官员的工资实在太低了，有些甚至都不够养家糊口。朱元璋晚年的时候说："我这一辈子都在跟贪官斗争，杀了那么多人，手段那么残忍，为什么天下还是有这么多贪官存在？"

小Q：那朱元璋为什么不稍微多发点工资呢？

姜sir：朱元璋出身贫苦农家，十分倡导节俭。中国所有皇帝里，要是按勤俭节约排名，朱元璋绝对排前三，并且非常有希望拿下第一名。朱元璋还在宫中命人开了一片荒地来种菜吃。如果大臣被朱元璋发现穿新衣服了，他肯定要问问花了多少钱。要是花得多，一定会被朱元璋骂。

有一年马皇后过生日，朱元璋在宫里宴请群臣，等大家都到齐后，开始上菜。本以为皇后生日肯定会特别隆重，一定是满桌的山珍海味。结果端上来后，大臣惊讶不已，每桌

只摆四菜一汤，分别为萝卜、土豆、两碗青菜以及一碗撒了些小葱的豆腐汤。所以在朱元璋的眼里，如果官员也像自己这么节省的话，那给官员开的工资也够花了，还有什么可贪污的？

小Q：治理贪污肯定是对的，但不能要求所有人都和自己一样啊。

姜sir：1380年，朱元璋还做出了一个重大改革，叫停了中国一千多年的丞相制度。不但废除，还严格命令后世子孙们不许恢复这个位置，如果哪个大臣敢要求恢复，处以重刑。

小Q：不至于节省得丞相都舍不得用了吧？

姜sir：不是舍不得钱，而是舍不得权力。丞相主要有两个作用：第一就是帮助皇上处理国家的朝政大事，第二就是代替皇上管理朝中大臣。而明朝最初也是有丞相的，朱元璋废除丞相的决定就是在"胡惟庸案"后。

小Q：这是一件什么事，能让朱元璋废除丞相制度？

姜sir：胡惟庸当了7年丞相，其间权力欲望极速膨胀，许多重大事件不向朱元璋请示就擅自做决定。大臣给皇帝写的工作报告，胡惟庸要先读。有投诉自己的内容，全部涂改。

小Q：我觉得朱元璋饶不了他。

姜sir：朱元璋特别注重君臣有别，他不断地告诉大臣，君是君，臣是臣，你们要忠于我。通过历朝历代反叛的事来警示、警告大臣，还设立了锦衣卫帮助自己监视大臣。胡惟庸已经触犯了朱元璋的底线，于是胡惟庸被处死。胡惟庸案牵连而出的人员涉及明朝朝堂内外，中央地方，各部门各工种，共计三万多人。而这三万多人，无一幸免，全部被处死。

小Q：这么多人！

姜sir：胡惟庸权力过大的行为深深地引起了朱元璋的反感，为了巩固皇权，也为了丞相制度不威胁自己的统治，所以朱元璋废除了丞相制度。

小Q：那丞相的工作谁做呢？

姜sir：朱元璋不怕累，饭都要过，什么苦没吃过？自己打下的江山，自己来管。据统计，朱元璋平均每天要审批多达207份公文，处理的政务超过411件。他是不怕累，但是他的子子孙孙就不一定像他一样肯吃苦了，毕竟他的后代可没要过饭，吃过苦。

接下来的明朝皇帝会如何治理国家呢？我们拭目以待。朱元璋对后世文化的影响是怎样的呢？我们下节见。

205 过山车般的文字狱

各位同学,大家好,我就是那个人见人爱、花见花开、车见车爆胎的姜 sir。

大家好,我就是那个负责问问题的小 Q 同学。

姜 sir:上节我们说到朱元璋废相,胡惟庸成了中国历史上最后一个丞相。

小 Q:宰相和丞相有什么区别吗?

姜 sir:丞相是官职的名字,宰相是一种制度,是这个官职的统称。可以说,丞相一定是宰相,宰相不一定叫丞相。

小 Q:我理解了,历朝历代宰相的官名都是不同的,丞相是宰相的一种。

姜 sir:只有辽国用过"宰相"这两个字当作官职的名字。

比如汉朝有"三公",就是丞相、太尉、御史大夫,都属于"宰相"。唐朝的时候,三省六部制逐渐完善,各部分互相牵制。中书省有中书令二人,门下省有侍中二人,尚书省有左右仆射二人,这些人也都是宰相。宋孝宗以后,才又采用"左右丞相"的称呼。

小Q: 也就是说,朱元璋虽然废除了丞相这个官职,但未来还是会有类似的职位出现。

姜sir: 明朝中期以后,内阁大学士之首称为"首辅",逐渐成为百官之首,几乎就是宰相。清代雍正执政以后,设军机处处理军国大事,军机大臣也属于宰相。

小Q: 朱元璋家真拼,自己兼职干宰相的工作。

姜sir: 朱元璋还大兴文字狱。

小Q: 文字狱是什么?把文字关进监狱吗?

姜sir: 文字狱是指统治者故意错误地解释文字作品,因而去给文人定罪,严重的不仅文人有杀身之祸,甚至家人都受到了牵连。比如有人给朱元璋写了"光天之下,天生圣人,为世作则",朱元璋就把这人杀了。

小Q: 有什么问题吗?这不是夸他吗?

姜sir: 朱元璋说了,"光"是什么意思?是说我没头发?"生"是什么意思?与"僧"同音,是说我曾经是僧人?作"则",就是作"贼"是不是?

小Q：啊？太疯狂了。这是真的历史，还是后人编的呢？

姜sir：文字狱在历朝历代都有，但关于朱元璋文字狱的一部分故事，还是来源于民间传说和野史。像我们刚才举的例子，就是来自野史。但文字狱确实是存在。而之所以大家会觉得都是真的，主要原因是朱元璋实行了文化专制政策。

小Q：文化专制是不是就是皇帝控制文化？

姜sir：没错。朱元璋建立明朝后，总结了历代封建王朝的统治经验，开始使用权力粗暴地干预思想文化，实行严酷的思想统治。禁止一切不利于统治的自由思想。甚至创造了"文人不为君用罪"，意思就是天下是我朱元璋的天下，所有读书人不为我服务，就是犯罪。朱元璋还亲自写了一篇文章《严光论》来阐述他的这个思想。严光是汉光武帝刘秀的朋友，刘秀当皇帝后他隐姓埋名。后来刘秀多次征召他当官，他都拒绝了。刘秀只好让他潇洒自在地做一个在野老百姓，随便去哪儿垂钓消遣。但朱元璋从确立绝对君主专制的角度却看出了严光的大逆不道。他认为，假如是赤眉、王郎、刘盆子等辈混乱未定的时候，你严光去哪儿钓鱼呢？那种乱世，你带老婆孩子都无法求食顾命，哪里有悠游垂钓的时间？你现在有地方钓鱼，也是皇帝给你的莫大之恩，你还不愿意为皇帝服务。因此，罪大恶极的人，就是严光这些人。

小Q：这还发明了一套理论根据。

姜 sir：其实朱元璋文字狱的说法，在明朝初期基本没有，毕竟也没人敢提。到了明朝中后期才越传越多，各种野史大量出现，很多人也就是当个娱乐新闻去听。后来到了清朝初期，一些历史学家还为朱元璋辟谣，指出很多文字狱都是瞎编的。到了清朝中期再度盛行，关于朱元璋的各种文字狱故事盛传开了。

小 Q：怎么和过山车似的，又提起来了？

姜 sir：因为清朝也存在文字狱，其实是想用朱元璋的文字狱去转移自己文字狱的注意力，所以在这段时期，哪怕是假的故事，百姓也都相信了。后来到了辛亥革命时期，朱元璋因为被称为民族英雄，文字狱的事就没人提了。后来又到了新民主主义革命时期，朱元璋的文字狱又受到了大家的关注。

小 Q：咋又关注了，又和什么有关系了？

姜 sir：当时是因为一本叫《朱元璋传》的书，目的是通过这本书来批判蒋介石的独裁。所以说，朱元璋的文字狱确实存在过。但更多的是，在不同时代有了特殊的用途，所以很多具体的例子就真假难辨了。

小 Q：怎么感觉像我小时候犯了个错，然后被妈妈经常拿出来说一样。

姜 sir：就是这个意思。后世对朱元璋的评价也褒贬不一，

有人说他很有智谋，也有人觉得他只不过是个农民而已，取得皇位完全是靠运气，还有人说他太残暴，杀人太多。

小Q：我觉得朱元璋从底层出身，不靠家族，最后夺得天下，就这种经历，十个大拇指给赞都不过分。

姜sir：1964年，在一次谈话中，伟大领袖毛主席就说过："老粗出人物。"提出历史上朱元璋和刘邦、成吉思汗都属于不识字或识字不多的"大老粗"，但却创造了许多读书人根本无法相提并论的巨大功业，而历史上许多饱读诗书的人物像陈后主、隋炀帝、李后主、宋徽宗等即便子继父业登上皇位，却显得极不称职。

小Q：我觉得每个人都会有缺点，朱元璋也会有的。

姜sir：那么另一个被毛主席称赞的朱棣到底是怎么当上皇帝的呢？朱元璋去世后，明朝又会发生什么大事呢？我们下节见。

206 "清君侧"口号很响亮

各位同学,大家好,我就是那个人见人爱、花见花开、车见车爆胎的姜 sir。

大家好,我就是那个负责问问题的小 Q 同学。

姜 sir:在所有的开国皇帝中,朱元璋的起点是最低的。一个乞丐,最后当上了皇帝。所以当上皇帝后的朱元璋,格外地珍惜,希望大明王朝能够一直传承下去,他们朱家能够一直拥有天下。于是朱元璋开始了分封藩王。

小 Q:周和西晋不就是因为分封而灭亡的吗?朱元璋还搞分封?

姜 sir:分封制的坏处朱元璋是知道的,当时很多官员也提出了反对意见,但朱元璋依然先后三次分封了自己的 25 个子孙为藩王。因为明朝建立的时候,元朝的残余势力还在袭击边境，尤其是对方的骑兵，神出鬼没，朱元璋肯定要给守卫边疆的将领直接指挥权。但是给了兵权，又担心这些人造反，所以朱元璋觉得，还不如给自己的家人分封呢。领兵的将领都是老朱家自家人，也放心。

小Q：那自家人要是造反呢？历史上又不是没有过。

姜sir：朱元璋分封的目的主要还是巩固边防，因此可能导致藩王势力过大的问题，朱元璋自然也考虑到了。朱元璋相信太子朱标未来是个仁慈的皇帝，对待百姓和这些兄弟藩王会特别好，即使个别藩王造反，也不会成功，因为老百姓和大部分藩王会支持朱标。同时朱元璋认为，宋朝和元朝就是因为没有分封才被灭的，万一发生个突发事件，分封的兄弟们也能出手帮一把。

小Q：站在朱元璋的角度，也有道理。

姜sir：但是朱标死得很早，1392年去世，年仅37岁。朱元璋1398年才去世。

小Q：比朱元璋去世得早，那就得换其他儿子当太子了。

姜sir：朱元璋将皇位传给了自己的孙子朱允炆（wén），也就是太子朱标的儿子，明朝的第二任皇帝明惠帝，历史上又称他为建文帝。建文帝即位后，在和他的心腹大臣黄子澄、齐泰等人商议过后，决定削藩，收回藩王手中的权力。

小Q：可以用推恩令啊，成功的经验摆在这儿呢。

姜 sir：明朝的分封和汉朝不一样，汉朝的藩王有自己的土地、军队和独立的权力，就相当于是个小国王。而明朝的藩王不同，很多藩王仅仅是有一个好听的称号，根本没有统治封地的权力。"分封而不锡土，列爵而不临民，食禄而不治事。"意思是分封的王侯不给他土地；虽然有爵位，但是不能管理百姓；有俸禄，但是不用管理事务。

小 Q：原来朱元璋在分封的时候，就做好了防备呀。

姜 sir：可建文帝采取的方式就是直接把藩王的爵位和权力一起剥夺了。首先处理了五位藩王叔叔，要么贬为老百姓，要么软禁，要么流放。

小 Q：连废五位，其他的藩王会不会有意见？

姜 sir：肯定会有意见，但是谁会轻易造反呢？造反这件事，要么成功，要么命都得没了。稍微看点历史书的就知道，有几个成功的呢？建文帝的削藩计划实行得很顺利，最重要的一个目标也要开始了,就是叔叔朱棣(dì)。建文帝任命谢贵、张信为北平都指挥使，掌握了北平的军事控制权。

小 Q：那应该问题不大了，军队都在建文帝派来的人手里了。

姜 sir：而就在建文帝命令秘密抓捕朱棣的时候，张信背叛了他，提前将消息告诉了朱棣："皇帝要抓你。"于是朱棣召集手下，走上了造反之路。

小 Q：朱棣应该特别感谢张信吧？

姜 sir：朱棣后来称呼张信为恩张，这可是恩人啊，而张信的这次告密，也改变了明朝历史的走向。朱棣夺取了北平城，这时候得给自己找个造反的理由啊。于是他翻了翻他爸爸朱元璋写的书，竟然找到了理由。

小 Q：怎么可能？朱元璋会写造反的理由？

姜 sir：朱元璋不仅制定了国家的法律《大明律》，还为子孙后代制定了《皇明祖训》作为家法。《皇明祖训》中有这样一段："如朝中无正臣，内有奸恶，则亲王训兵待命，天子密诏诸王，统领镇兵讨平之。"意思就是皇帝身边有奸臣小人，得到皇帝的秘密通知，"亲王"有权带兵去消灭皇帝身边的这些小人。

小 Q：可是建文帝也没秘密通知朱棣啊。

姜 sir：这就是一道阅读理解题，朱棣认为，"不用秘密通知我，我已经知道了，现在我就要去消灭那群奸臣"。于是自己打着"尊祖训、清君侧"的旗号，一路杀向都城。

小 Q：我发现只要想造反，怎么着都能有理由，但建文帝的兵力应该比朱棣雄厚吧？

姜 sir：当时的建文帝拥有全国的兵力，而朱棣起兵时，只有区区 10 万人，粮草、装备、后勤补给完全不在一个等级上。那么这场战争谁能笑到最后呢？我们下节见。

207 永乐大帝

各位同学，大家好，我就是那个人见人爱、花见花开、车见车爆胎的姜 sir。

大家好，我就是那个负责问问题的小 Q 同学。

姜 sir：在中国古代历史上，藩王造反的很多，但成功的却很少，因为造反面对的是整个国家的力量。朱棣造反也一样，处于劣势，但最终朱棣竟然打赢了，还当上了皇帝。

小 Q：又是一场以少胜多的战役吗？

姜 sir：不是一场，这场"靖难之役"可是打了 3 年。

小 Q：3 年，就算调整策略，用全国的力量也能打赢呀，怎么还输了呢？

姜 sir：建文帝手下没有很多能打的将军，这和朱元璋有一点关系。很多人都说是朱元璋当年杀了太多将军，导致孙子无将可用。其实就算这些开国将领不被杀，到这个时候，这些老将也都是六七十岁的老头儿了，即使活着也难以重征沙场。

小Q：那明朝就没有培养将军吗？

姜sir：朱元璋统治期间，完全可以培养出新一代武将，但朱元璋却一直没开武举。

小Q：武举是不是属于科举的一种？

姜sir：是的。武举又名武科，是中国古代为选拔军事人才而设置的考试科目。这种通过考核武艺以选取武学人才的制度，在先秦的时候就已经出现了。武则天在位时，唐朝已经经历了较长时间的和平生活，统治者对军事的重视程度有所减轻，军队的战斗力总体减弱。吐蕃（bō）、契丹、突厥等族时常侵扰边境，边境战争常常失利。这些失败的战争在一定程度上威胁到了国家的统治和安定，因此武则天也更加急迫地选拔优秀军事人才。而当时并没有规范的考试制度，很多有武艺但是文化程度不高的人不能成功当官。所以武则天创立了武举制度，为国家选拔更多的军事人才，比如唐朝最有名的武状元郭子仪。

1029年，宋仁宗在全国范围内颁布了一项条文《武举条例》，这标志着武举之制在宋朝的正式确立。在基本的武术考试后，还要考察"策问"，就是以军事为主题，写一篇有自己独到观点的文章。还有"墨义",就是解释各种著名兵书的基本含义。但到了朱元璋建立的明朝,大臣虽然提议过设立武学,但是都被朱元璋否决了。

小Q：为什么朱元璋会否决呢？多一些将军不好吗？

姜sir：朱元璋认为,要培养就要培养文武兼备的人才,不能只限于武学一项,所以朱元璋是想通过科举一次性选拔出文武双全的人才。同时朱元璋十分担心武将集团过于庞大,会拥兵自重,对明朝的统治造成巨大的威胁。因此朱元璋让武将子弟学习儒家文化,试图以此稳定明王朝的统治。

小Q：那选出来了吗？

姜sir：最初的几次武举结果,朱元璋都不满意,于是就把武举给停了。受到朱元璋的影响,整个明朝都没有办过专门的武举。就算后来的明英宗设立了武学,考生不仅要学军事书籍,还要学习《大学》《论语》等四书五经,还是要文武兼备。

小Q：那估计考的人很少吧？

姜sir：1464年的武举都没人报名。直到后来的嘉靖、崇祯时期才出现了一些有名的将军。所以建文帝当时没有几个能打得过朱棣的将军。武将本身就不够用,建文帝还用错了人,有一句话叫"不怕神一样的对手,就怕猪一样的队友",建文帝重用的李景隆就是典型的"猪队友"。

小 Q： "一将无能，累死三军。"

姜 sir： 耿炳文是当时为数不多还健在的老将，耿炳文率领 13 万大军出征朱棣，对外号称 30 万，刚到河北就和朱棣打了一仗，耿炳文战败。接着，又在"真定之战"中被朱棣歼灭 3 万多兵力，致使耿炳文坚守不出。朱允炆得知耿炳文战败，采纳黄子澄的建议，命李景隆为大将军，取代耿炳文。

小 Q： 我怎么看到了廉颇和赵括的重演呢。

姜 sir： 李景隆是曹国公李文忠的儿子。他爸爸当年跟着朱元璋出生入死，是明朝开国功臣。建文帝对李景隆十分信任，任命李景隆为大将军，交给李景隆 50 万大军。李景隆带着 50 万大军，前往北平。留守北平的是朱棣的儿子朱高炽，当时北平只有 1 万多老弱残兵，李景隆率军进攻北平，朱高炽紧闭城门不与应战。李景隆派兵围攻北平九门，但因李景隆有私心，想自己立下这头功，当快要攻破城门时，李景隆不仅不肯支援，反而鸣金收兵，致使功亏一篑（kuì）。当时正值北方寒冷的冬季，朱高炽连夜命人向城墙上泼水，就这样，一堵冰墙就成了。不仅坚硬无比，而且还不易攀爬，给李景隆攻城增加了不小的难度。李景隆实在没有更好的办法了，只得将北平城团团围住。后来朱棣带军队回来了，向李景隆的 50 万大军发起猛攻，吓得李景隆连夜丢下军队逃跑了。

小 Q： 兵败回来建文帝为什么不治他的罪？

姜sir：建文帝觉得失败的原因是给李景隆的自由度不够大，所以又给了李景隆60万大军。李景隆与朱棣的10万军队在白沟河会战，可最后还是败了。即使这样，建文帝也没有杀李景隆。

小Q：建文帝对他可真好。

姜sir：后来朱棣得知首都南京空虚，于是兵行险招，千里奔袭南京城。没想到李景隆竟然主动打开城门，放朱棣军队进来，导致南京失守，建文帝的统治被推翻。

小Q：啊？建文帝这么相信的人，最后竟然当了叛徒！

姜sir：建文帝的用人策略和他的性格都是导致失败的原因。根据史料记载，建文帝性格很温和，温和到与朱棣都开战了，他竟然还对军队的各大将领下命令，不允许手下的将领们杀死朱棣，只能活捉！所以导致朱棣经常冲锋，反正敌人不敢杀我，只要不被抓就行。

小Q：这仗还怎么打呀？

姜sir：1402年6月，朱棣攻入南京后，命士兵火速包围皇宫。突然间，皇宫烈火熊熊，浓烟滚滚。士兵们冲进皇宫四处寻找，却不见建文帝的踪影。而朱棣成为了新的皇帝，就是明成祖，年号"永乐"。历史上也管朱棣叫永乐大帝。

小Q：建文帝到底去哪儿了？

姜sir：这就是历史疑团了。有很多版本，主要可以归结为两大类：一类是说建文帝破城之日便自焚而死，另一类说建文帝化装逃跑了。

小Q：我有个疑问，建文帝和朱棣都打成这个样子了，北面的蒙古为什么没有趁机进攻呢？

姜sir：朱棣早就拉拢了蒙古的一些部落，在他发动靖难之役的时候，这些蒙古人不但没有成为自己的敌人，反而成了朱棣的帮手。同时，蒙古部落也是四分五裂，没有实力去进攻明朝。朱棣就这样当上了皇帝，当上皇帝后会做哪些大事呢？我们下节见。

208 永乐大典的遗憾

各位同学,大家好,我就是那个人见人爱、花见花开、车见车爆胎的姜sir。

大家好,我就是那个负责问问题的小Q同学。

姜sir：上一节我们说到明成祖朱棣夺得了天下,而他做了一件对整个中国影响都很大的事情,大到影响一直延续到现在,那就是把首都从南京迁到了北京。

小Q：为什么要迁都啊?南京不是挺好的吗?

姜sir：因为北方地区依然处于非常复杂动荡的形势中,在那个年代,传达命令只能依靠人力,南京到北京的距离大概是1000公里,骑马来回一趟最少也得十几天。

小Q：这肯定容易耽误军情。

姜sir：所以要想时刻掌控边境的动态,预防蒙古人的袭击，最好的办法就是迁都北京。亲自去防守，明朝"天子守国门"的说法也是从这儿来的。再加上朱棣的皇位是发动政变从侄子建文帝手中抢来的，而南京是建文帝的大本营，背地里有很多大臣和百姓都反对朱棣。而燕京，也就是北京，才是朱棣的大本营。1409年，朱棣开始在北京昌平修建长陵，将自己的陵墓修在北京，向所有人证明自己已经下定决心要迁都。

小Q：那故宫就是这时候修建的吧？

姜sir：《后汉书》中记载："天有紫微宫，是上帝之所居也。王者立宫，向而为之。"中国古代认为紫微星象征着天子，天子所在的地方是禁地，所以天子居住的宫殿就被称作紫禁城。我们现在所说的紫禁城一般指北京故宫。北京故宫于1406年开始建设，到1420年建成。同时，从1403年，朱棣强制百姓迁往北京，包括各地的流民、富户、富商等，以此来扩充北京的人口。

小Q：这下北方经济是不是也恢复了？

姜sir：由于北方地区已经破坏得不成样子，元朝时期，山东、河北以及河南大半被改造成放牧地区，对北方经济伤害非常大。而朱棣迁都北京后，迅速恢复北方经济，从而让国家得到了更好的发展。

小Q：看来朱棣做了不少大事。

姜sir：朱棣登基后，非常重视历史典籍的收藏保存。但由于元朝对宋朝文化的破坏和打击，导致很多之前的书籍都散落民间，面临着失传的危险。于是朱棣决定做一件大事，编写一部涵盖古今的书籍。这部书籍在朱棣的支持下，一共聚集了3000名文人名士编纂，包含文化、历史、医学、宗教、天文，甚至还有哲学和神话，共有11095册，收集的古代书籍超过8000种，被世界公认为最早、最大的百科全书。但可惜的是这部书只流传下来4%，目前所发现的全部加在一起，也只有400册左右。这部书如果被找到，中国的文化史将发生翻天覆地的变化。

小Q：这部书到底叫什么？

姜sir：就是《永乐大典》。

小Q：为什么传下来那么少呢？

姜sir：《永乐大典》写成之后，最初藏于南京的文渊阁。后来随着迁都也被带到了北京。后世的嘉靖皇帝非常喜欢《永乐大典》，一直很想重写一部，但这个想法因为工程量太大而没有实施。但据史书记载，1557年4月，皇宫发生大火，存放《永乐大典》的文楼受到威胁，幸亏抢救及时，《永乐大典》才逃过这次火灾。嘉靖皇帝因此害怕极了，决定将《永乐大典》重新抄录一遍，于是《永乐大典》便有了两个版本。现在人们习惯于把朱棣的第一个版本称为正本，把嘉靖的重录本称为副本。我们目前看到的都是副本。

小 Q：那正本呢？

姜 sir：有学者将这事称为"中国书籍史上的最大疑案"。有人认为被火烧了，有人认为在嘉靖皇帝的坟墓里。

小 Q：我更希望在坟墓里，这样以后还能挖出来。那副本为什么也传下来这么少？

姜 sir：清朝乾隆年间曾对《永乐大典》的副本做了清点，共9881册，那时候已经丢失1000多册。到了1875年，还剩不到5000册。1893年，只剩下800册，被各种人用各种方式偷走了。1900年，八国联军入侵北京，对《永乐大典》抢的抢，烧的烧，最后只剩下64册。直到1912年，在鲁迅等人的努力下，将这些书放到了京师图书馆，也就是现在的国家图书馆保存。

小 Q：真遗憾，这么好的书籍，就这样毁了。

姜 sir：中华人民共和国成立后，《永乐大典》得到各方的捐赠，国家图书馆馆藏的《永乐大典》也越来越多。现在世界各地还有《永乐大典》400多册。

小 Q：真希望正本能被我们找到。

姜 sir：接下来朱棣要做一件轰动全世界的大事，是什么呢？我们下节见。

209 "麒麟"现世

各位同学,大家好,我就是那个人见人爱、花见花开、车见车爆胎的姜 sir。

大家好,我就是那个负责问问题的小 Q 同学。

姜 sir：上节我们说到了永乐大帝朱棣迁都北京,又编写了《永乐大典》,还有一件家喻户晓的历史事件就是"郑和下西洋"。后人点评这件事的影响力是这么说的："郑和下西洋是世界早期全球化的尝试,对人类文明的发展和交流做出了不可磨灭的贡献。"

小 Q：都上升到人类文明了,郑和到底干了什么?

姜 sir：我们先说说郑和为什么下西洋,先看官方目的：一是宣扬明朝国威。"我大明朝这么厉害,我得让其他国家都知道一下。"但当时没有网络,就辛苦郑和跑一趟吧。二是建立和加强与其他国家的外交联系，发展贸易。比如今天的孟加拉国，当时就派使臣向朱棣进献了一只"麒麟"（qí lín）。

小Q：麒麟不是神话中的神兽吗？难道历史上真的存在过？

姜sir：麒麟被称为祥瑞之物，相传只有在太平盛世才会出现。朱棣看到"麒麟"非常开心，这不就意味着自己的统治已经到了盛世吗？朱棣让人将"麒麟"画了下来，还让著名书法家在这幅《瑞应麒麟颂》上题了字。这幅画作现在被收藏在台北故宫博物院。

小Q：麒麟不是神话里虚构的吗？天啊，我一定要去看看这幅画，去看看麒麟的长相。

姜sir：不用去台北故宫博物院啦，动物园里就有。

小Q：啊？动物园有麒麟？

姜sir：朱棣见到的麒麟，"天生脖子长，身穿花斑衣。想吃嫩叶子，不用费力气"。小Q，你猜是什么？

小Q：长颈鹿！

姜sir：长颈鹿在明朝第一次进入中国，但在宋朝就有过一些记录，"皮像豹子，蹄子像牛蹄"，而巧的是这些和麒麟的描写很像。又由于当地人管长颈鹿叫"基林"，和"麒麟"的读音也很像，所以大家第一次看到长颈鹿的时候，就认为是麒麟。

小 Q：真是一个美丽的误会。

姜 sir：郑和下西洋的官方目的说完了，现在说说民间流传最广的目的：寻找建文帝。清朝修订的《明史·郑和传》中就有记载："成祖疑惠帝亡海外，欲踪迹之。"意思就是朱棣怀疑建文帝跑到了国外，要找回来。毕竟建文帝是死是活对于朱棣太重要了，用一句歌词表达就是："你快回来，我一个人承受不来。"

小 Q：毕竟皇位是从人家手里抢的。

姜 sir：其实明朝的历史资料中没有这样的记录。清朝这么写也是受到了明朝后期民间传说的影响。郑和第一次下西洋已经是朱棣当上皇帝的 3 年后了，皇位很稳定了。按常理没必要为了建文帝，组织规模这么大的舰队。同时，建文帝缺乏政治军事经验，就算流落海外，对朱棣也无法造成威胁。

小 Q：都能带回来长颈鹿，郑和的船得有多大啊？

姜 sir：据《明史·郑和传》记载，郑和航海大型船共 63 艘，最大的船长 151.18 米，宽 61.6 米。有关随行人数的记载，版本很多，其中记录 2.7 万多人的版本最多。

小 Q：这简直就是一个大型舰队。

姜 sir：当时郑和舰队纵横大海时，几乎可以随心所欲，一旦发现对明朝不恭敬、不友好，或想抢劫明朝舰队的势力，郑和舰队都会让对方感受到什么叫毁灭性的打击。

小Q：那航海过程中爆发过战争吗？

姜sir：在郑和7次航海中，共发生过3次摩擦，我们就说说其中的"旧港之战"。旧港位于现在的印度尼西亚苏门答腊岛。在旧港附近有一伙儿海盗，为首的叫陈祖义，他原本是广东潮州人。当郑和舰队返航经过旧港的时候，舰队携带的金银珠宝被陈祖义盯上了，但是陈祖义明白，他完全不是郑和舰队的对手，所以陈祖义采取了诈降的手段，假装向郑和舰队投降，然后准备趁着对方放松警惕的时候，控制郑和舰队。

小Q：这个陈祖义手下人多吗？

姜sir：当时陈祖义东拼西凑了5000多人、20多艘船，但郑和船队早就得到了消息，迅速包围了陈祖义的船只。此次旧港之战，陈祖义率领的5000多人被全部消灭。

小Q：郑和很厉害啊！朱棣为什么挑了他呢？

姜sir：朱棣在选人的时候，得考虑两方面：第一，有胆有谋，毕竟要在大海上航行啊，有太多未知了；第二，对国外的民俗文化有一定的了解。郑和，原名叫马和。朱棣特别喜欢郑和，每次率军出征都带着郑和，所以郑和会打仗，可以指挥军队。在"靖难之役"中，郑和立了功，也因此被赐姓"郑"，从此也就不叫马和，改叫郑和了。

小Q：这是朱棣的自己人，绝对地信任。

姜 sir：郑和就是朱棣的宣传委员，将永乐大帝的盛世传递到了海外。明朝的繁华并不会因为朱棣的去世而结束，永乐盛世后又会迎来什么呢？我们下节见。

210 三大盛世

各位同学,大家好,我就是那个人见人爱、花见花开、车见车爆胎的姜 sir。

大家好,我就是那个负责问问题的小 Q 同学。

姜 sir: 小 Q,你觉得什么叫盛世?

小 Q: 我觉得就是老百姓过得好,国家没什么动乱。比如现在的中国,我觉得就是盛世。

姜 sir: 盛世基本需要满足四个条件:一是国家统一,不能四分五裂。二是边境稳定,不能有频繁的战争,偶尔有一些也是正常的。三是政治清明,贪官肯定得到治理。四是经济繁荣,老百姓过得要好。而明朝从朱元璋建立起,就连续出现了三个盛世。

小 Q: 连着三个,这也太强大了。

姜sir：分别是洪武之治、永乐盛世和仁宣之治。第一个盛世，是朱元璋开创的。元朝末期，大规模的自然灾害和传染病、战争使得生产遭到了破坏，人口数量也明显减少。朱元璋从登基到去世，期间几乎没有休息过。在他的治理下，国家得到了缓解，国力得以迅速提升，为明朝的发展打下了良好的基础。

小Q：这必须给个赞，"最佳劳模皇帝"。

姜sir：朱棣当上皇帝后，同样创造了盛世，也就是明朝的第二个盛世——永乐盛世。郑和七次下西洋就已经证明了当时明朝海军的实力。西方对明朝海军的评价是，明朝海军在历史上可能比任何亚洲国家都出色，同时代的任何欧洲国家，甚至所有欧洲国家联合起来，可以说都无法与明代海军匹敌。

小Q：听着真骄傲！

姜sir：第三个盛世叫仁宣之治，是明仁宗朱高炽和明宣宗朱瞻（zhān）基统治下的盛世。

小Q：明仁宗，一听"仁"这个字，就知道是位好皇帝。

姜sir：明仁宗，明朝第4位皇帝，当上皇帝不到一年就去世了。

小Q：不到一年？这也太快了。

姜sir：明仁宗在历史上是出了名的胖，历史书上也没有确切地记载他到底多重。但有记载说他胖到走路都需要人扶着的地步，有不少野史传说记载说仁宗从小就非常胖，而且饭量巨大，不是通过锻炼就能瘦下去的，是一种肥胖的病。

小Q：明仁宗去世估计和肥胖有关系吧？

姜sir：现代科学表明，人过于肥胖就会导致很多疾病，尤其他当了皇帝后，工作压力变大，加之身体过于肥胖，非常容易猝（cù）死；所以史书上才会认为他"无疾骤崩"，就是没什么疾病，突然死的。

小Q：明仁宗在位时间那么短，还开创了盛世？

姜sir：明仁宗继承皇位后，把他爸爸朱棣制造的冤案全给平反了。因为当年朱棣为了维护自己的名声，杀害了一批效忠建文帝的忠臣。明仁宗赦（shè）免了一大批被关押、流放的建文帝时期的大臣，甚至有的还官复原职。同时他还鼓励官员积极提意见，因为在明朝刚刚建立的时候，朱元璋和朱棣的手腕都非常厉害，官员们生活得也是小心翼翼。为了能够保住性命，朝中大臣都不敢多说话，但到了仁宗这里，便鼓励大家多说。只要是对国家有利的，仁宗总会一一采纳。仁宗还大力改善老百姓的生活，减轻税收，还下令厉行节俭，大大减少皇族的花销。仁宗虽然在位时间短，却做了很多好事。

小Q：那下一位皇帝会继续这样吗？

姜sir：会啊，第三个盛世为什么叫仁宣之治？"仁"就

永樂大典
明

是明仁宗，"宣"就是他儿子明宣宗，宣宗即位后继续推行仁宗的政策。《明史》对宣宗的评价很高，说宣宗即位以后，官吏称职，政治稳定，法度修明，仓库充实有余，百姓安居乐业，民间显示出安定美好之迹象。另外，虽有封藩起事，却被很快治服，而且扫荡边境，震慑远方的敌人。所以说，宣宗的深谋远虑与雄才大略，几乎能赛过先祖。但宣宗的个人爱好却是后人聊得最多的。

小Q：什么个人爱好？

姜sir：在野史和文学作品中，明宣宗朱瞻基被描述成了一位喜欢斗蟋蟀的皇帝，所以人们管他叫"蟋蟀皇帝"。清朝超级有名的小说《聊斋志异》里面有一个故事叫"促织"，就写了明宣宗喜欢斗蟋蟀，最终导致民不聊生。

小Q：什么是斗蟋蟀？

姜sir：斗蟋蟀也叫斗蛐蛐，是中国古代经典的民间游戏。简单地说，就是将两只蟋蟀放在同一只笼中，进行争斗。斗蟋蟀是从唐朝开始的，到了宋朝就成了十分著名的游戏形式。南宋权相贾似道更是喜欢斗蟋蟀，还写了我国古代第一部研究蟋蟀的专著《促织经》，由此被冠以"蟋蟀宰相"之名。南宋灭亡，贾似道有不可推卸的责任，所以斗蟋蟀也成了玩物丧志、误国误民的代名词。明清时代则是斗蟋蟀最为盛行的时期。但明宣宗喜欢斗蟋蟀，正史中几乎没有记载。

小Q：估计很多人只记得蟋蟀皇帝，而不记得仁宣之治。

姜sir：仁宣之治只持续了11年，因为明宣宗去世得也很早，三十几岁就去世了，但就是这短短的11年，被后世很多历史学家称为明朝国力最强、政治最清明的时期。三大盛世，将整个明朝推向了一个顶峰。可接下来一个大的转折点就要来了，是什么呢？北方的谁又崛起了呢？我们下节见。

211 强大的对手来了

各位同学,大家好,我就是那个人见人爱、花见花开、车见车爆胎的姜 sir。

大家好,我就是那个负责问问题的小 Q 同学。

姜 sir:上节我们介绍了明朝初年的三大盛世,而在明宣宗去世后,明英宗朱祁(qí)镇 8 岁即位。

小 Q:8 岁,这么小能治理国家吗?

姜 sir:放心,当时有"三杨",天下不会出大乱的。

小 Q:"三杨"是谁?

姜 sir:在明朝有这样一句话,"明称贤相,必首三杨"。意思就是明朝说起贤能的首相,"三杨"必定排在榜首。"三杨"是指内阁大臣杨士奇、杨溥、杨荣,他们都是从朱棣时就开始崭露头角,辅佐过明成祖、明仁宗、明宣宗和明英宗四位皇帝。仁宣之治的盛景就是在他们三个的辅佐下出现的。

小Q：这么厉害，都是人才啊。

姜sir：这三个人各有各的特点：杨士奇性格谨慎、圆滑，特别懂得皇帝内心的想法。杨荣有强大的军事才能。杨溥为官清廉、节俭。

小Q：有他们三个在，明英宗即使年龄小，明朝也很稳定。

姜sir：因为明英宗朱祁镇年龄小，国家的大小事情，基本都是太皇太后张氏做主，她就是明仁宗的妻子，明宣宗朱瞻基的妈妈。

小Q：孙子年龄小，奶奶先管着呗。

姜sir：所以明英宗有奶奶和"三杨"帮忙，不用操心国家大事，也没什么压力，也就是在这个时候认识了宦官王振。后来奶奶和"三杨"先后去世，这时候没有人能够控制明英宗了，想干什么就干什么，于是开始重用宦官王振。

小Q：自古不是宦官不能参政吗？

姜sir：王振刚开始帮助明英宗治理国家的时候，就被张太皇太后发现了，当时就要按照祖宗的规矩，将王振斩杀。但明英宗各种求情，所以王振活下来了。"三杨"去世之后，明英宗对王振几乎到了言听计从的地步，无条件信任，无条件放权。王振的权力已经到了谁巴结他，就会立即得到提拔；谁要是敢反对他，会立即受到处罚的地步。

小Q：我感觉要出事呢。

姜sir：这时候，大明王朝的北方出现了一个强大的对手——瓦剌（là）。

小Q：又是游牧民族，是北元的势力吗？

姜sir：在元朝之前，瓦剌和蒙古是两个不同的部落，但成吉思汗统一了蒙古草原，以至于很多人一直都认为瓦剌人就是蒙古人。后来北元，也就是逃到北面的元朝在明朝的打击下逐渐分裂成了瓦剌、鞑靼和兀良哈三个游牧集团。其中，鞑靼实力最强，所以最初瓦剌和兀良哈都选择和明朝保持良好的关系，把明朝当作靠山。所以朱棣在位时，明朝北方只剩下鞑靼这个敌人。原本朱棣也想和鞑靼和平相处，没想到鞑靼直接杀了朱棣派去的使者。

小Q：这么嚣张，朱棣肯定得打鞑靼呀。

姜sir：朱棣一共发动了五次北伐，第一次北伐是为了打击鞑靼。这次北伐迫使鞑靼投降，但是鞑靼被打下去了，瓦剌又崛起了。明朝当然不想让瓦剌崛起，于是便有了第二次北伐，目的是打击瓦剌。明军也确实打败了瓦剌军，不过并没有深入追击，瓦剌所受的损失也并不大。第三次北伐是因为鞑靼反叛，所以还得打。后面的两次就基本没怎么打仗，第五次，朱棣死在了途中。

小Q：这五次北伐感觉并没有彻底消除北方的威胁。

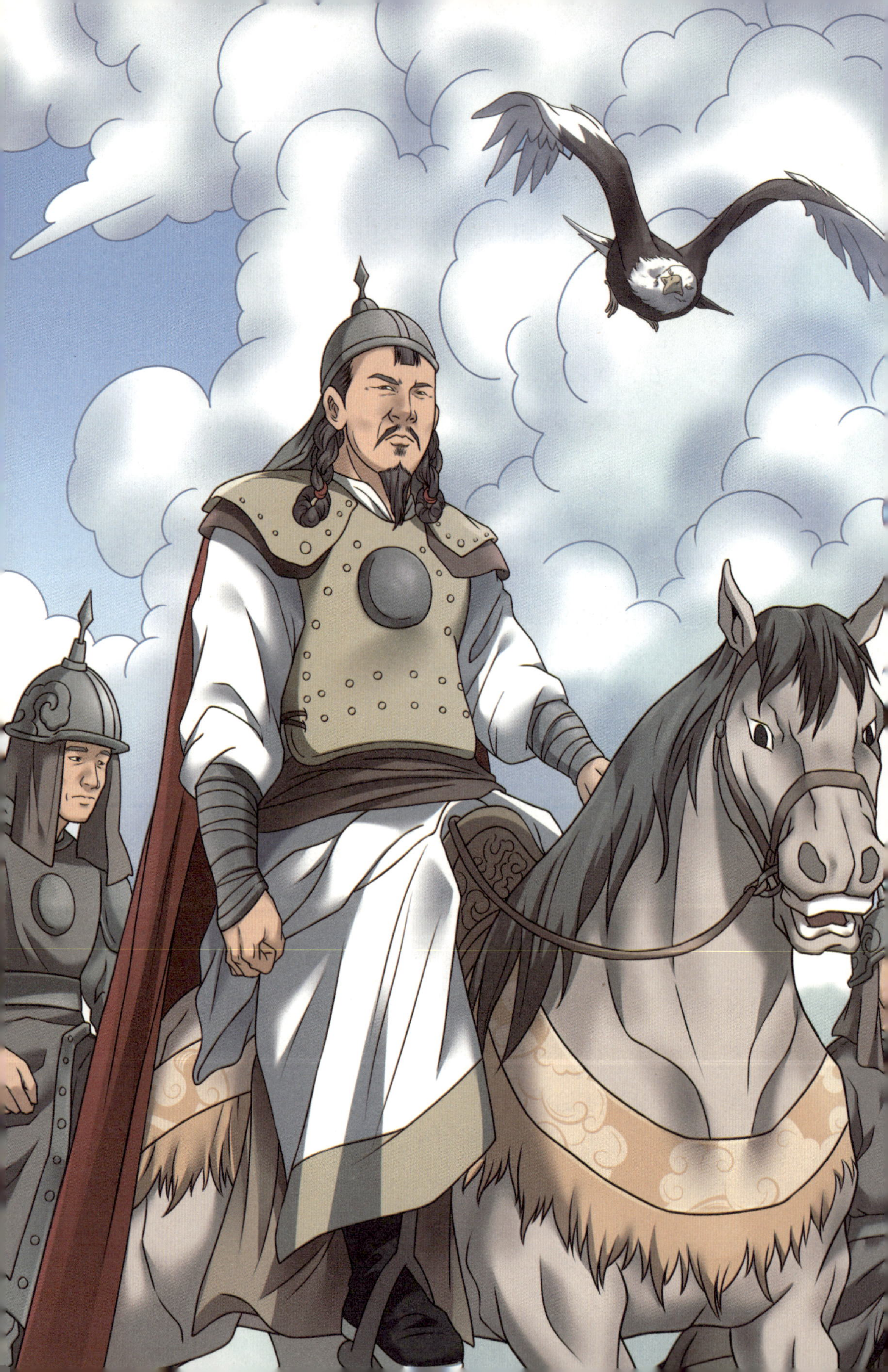

姜 sir：从这五次北伐来看，打击的对象主要是鞑靼。但是鞑靼被打下去了，瓦剌又崛起了，明军撤退后，瓦剌找到机会，一举打败鞑靼，算是实现了蒙古的一个小统一。但瓦剌当时的势力威胁不到明朝，还是奉明朝为宗主国。当时的瓦剌实际有两个首领，一个是大汗，另一个是太师也先，所以明朝每次给的赏赐也都是两份。

小 Q：明朝还挺大方的。

姜 sir：也先是一个有野心的人，按照要求，也先的使臣不得超过 50 人，但也先想得到朝廷更多的赏赐，一年之内，使臣增至 2000 多人。明朝让他减少，他也不听，还经常去抢劫明朝的使臣。

小 Q：这个也先很有野心，以后估计会和明朝有矛盾。

姜 sir：这时候王振不干了，他虽然也很贪婪，但看不惯也先的贪婪。1449 年 2 月，也先派了 2000 多人给明朝送马，向明朝请赏，但这次王振不肯多给赏赐，没有满足也先的要求。

小 Q：看来要打仗。

姜 sir：这时候王振和明英宗都很激动，都觉得终于等来了一场可以青史留名的战争。可没想到，接下来竟然发生了一件差点儿让明朝结束的事情。是什么呢？我们下节见。

212 土木堡之战

各位同学,大家好,我就是那个人见人爱、花见花开、车见车爆胎的姜 sir。

大家好,我就是那个负责问问题的小 Q 同学。

姜 sir：上节我们说到也先的要求没有得到满足,于是也先决定用武力威胁明朝。他统率瓦剌各部兵分三路,大举南下。瓦剌大军来势凶猛,明朝守边将士奋勇抵抗,伤亡惨重,只得请求朝廷出兵援助,而王振和明英宗听到消息竟然都有点儿激动。

小 Q：都大兵压境了,这俩人激动什么呢?

姜 sir：王振认为这是一个可以展示军事才华的机会,打败瓦剌就可以进一步在朝廷内外树立权威,他就是大臣里的第一名。王振不懂军事,对瓦剌军的战斗力也不了解,但他自己觉得肯定没问题。

小Q：那明英宗派将军出兵，也不可能轮到王振这个宦官啊！

姜sir：王振劝明英宗亲自出征，而明英宗呢，也想像朱元璋、朱棣那样北伐，建立功业，青史留名。于是做出了御驾亲征的决定，无论谁劝都没有用。英宗召集了20万大军，对外号称50万，武器装备都没准备齐，粮草物资也没有准备好，就带着王振和一些大臣匆匆忙忙地出发了。

小Q：那对手也先有多少人马？

姜sir：也先就两万人左右。

小Q：那明朝胜算还是挺大的。

姜sir：明朝大军出发不久，就遇到了连续的下雨天。路不好走，粮食也没带够，不少官员就觉得这是不祥的征兆，请求明英宗回北京，毕竟皇帝亲自出来打仗是有危险的。但这时候，前方传来消息，也先撤退了。因为听说明朝皇帝亲自出马，吓跑了。明英宗一听，这可好，赶紧加速去追击，争取打个大胜仗。

小Q：肯定是圈套呀。

姜sir：明军在前进的路上没碰到瓦剌的一兵一卒，大家就觉得有瓦剌埋伏，想撤军。王振也同意撤军，因为他得到了自己亲信的消息，说有埋伏。于是去劝英宗，英宗本来就

1277

觉得出征打仗和他想的不太一样，没什么意思，就决定撤退了。

小Q：没进圈套，还挺好，就当出来溜达一圈了。

姜sir：但在撤军的过程中，王振开始瞎折腾了。直接回北京可是浪费了这次机会，最好能路过自己老家，还能炫耀一下："我都能把皇帝带出来，厉害吧。"于是明军改变了行军路线，但大军所过之处，庄稼损毁严重。很多士兵本身心里就有怨气，根本不听指挥，踩着庄稼走。这时候王振就后悔了："这大队人马要是这样带回了老家，把老家的庄稼踩坏了，老乡们不得骂我？"于是，他又改主意，老家不回了，改路线。

小Q：怎么感觉指挥军队和小孩过家家一样呢，这么随便。

姜sir：本来也先都已经埋伏好了，但没想到明军撤退了，又没想到，明军还这么能折腾，这一看就是指挥混乱，于是也先率领他的骑兵又追来了。王振急忙派兵拦截，5万军队全部被也先消灭。这时候的也先就像一匹饿了很久的狼，而明军更像是不停逃跑的羊，明军一直退到土木堡，就是现在的河北省张家口市怀来县境内的一个城堡。

小Q：怎么还跑到一个城堡里去了呢？

姜sir：当时距离军事重镇怀来很近了，大臣都主张去怀来。但王振看到还有很多马车没到，于是就下令大军在土木堡扎营，因为马车上都是他辛苦搜刮的宝贝。兵部尚书就说派人送皇帝先走，遭到王振再次拒绝。第二天，瓦剌军队已

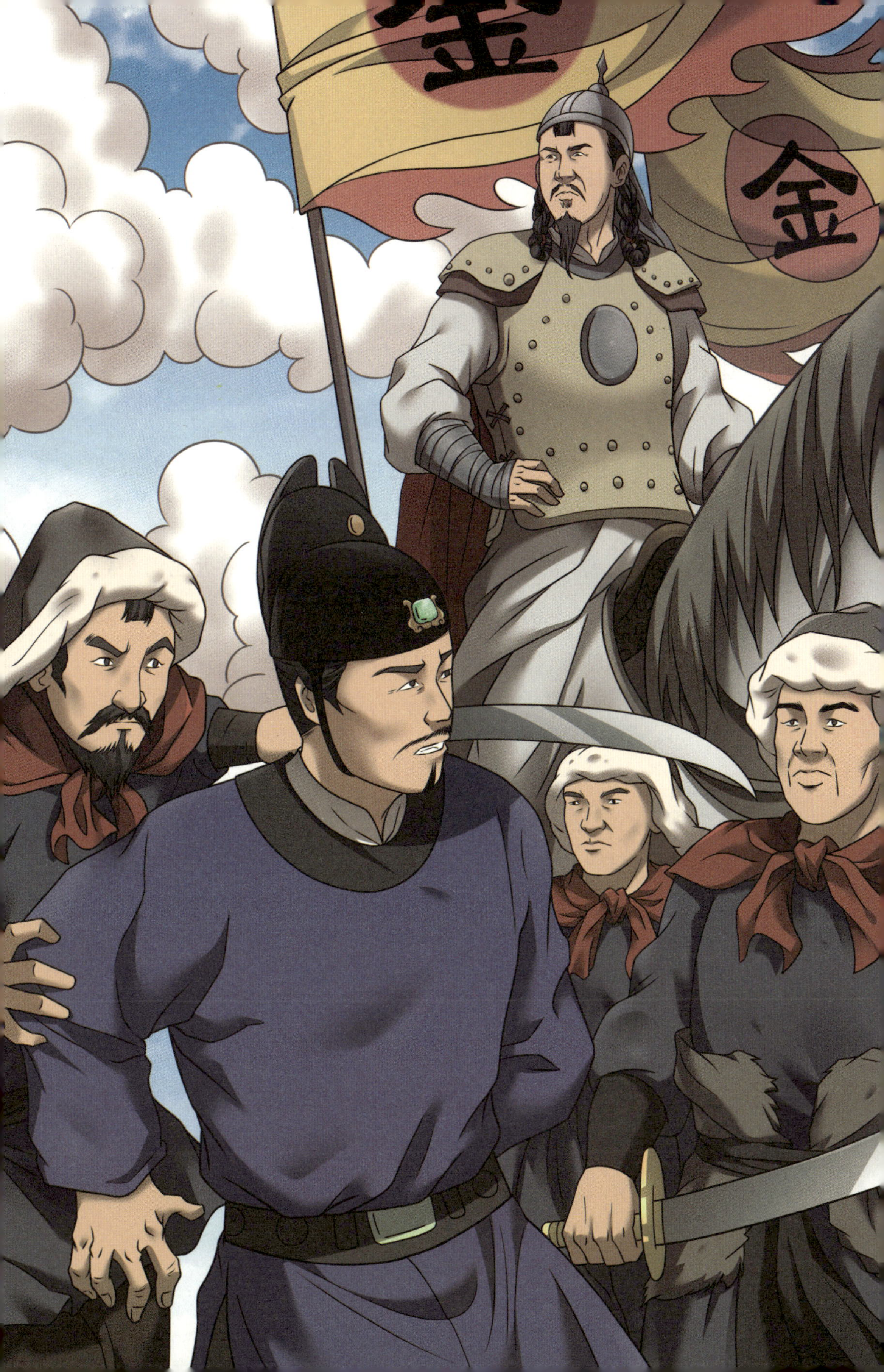
金

经将土木堡包围得水泄不通。

小Q：这个土木堡适合防守吗？

姜sir：土木堡地势很高，没有水源，要想喝水得去南边十五里地的地方，但那里被瓦剌大军占领着，所以明朝军队这十来万人喝不上水。

小Q：如果十几万人拼命，也先也不一定打得过。

姜sir：也先假装要谈判，他对谈判的人说，为了表示诚意，我们后撤十五里。他故意把水源让出来，暗地里安排军队做好埋伏，就等着明朝大军出来取水的时候消灭他们。而王振相信了，十几万大军一哄而起，纷纷跑向河边喝水。就在这时候，瓦剌埋伏的军队杀出来了，明军根本没有作战准备，最后兵部尚书、户部尚书等一众官员战死。

小Q：太可惜了，那皇帝呢？还有那个可恶的王振呢？

姜sir：明英宗身边的武将樊忠在混乱中找到了王振："王振老贼，是你这奸佞（nìng）误国葬送我大明众多将士，汝罪恶滔天，饶你不得，吾为天下诛此贼。"于是王振被杀。

小Q：活该！就应该被杀。

姜sir：最后明英宗被俘，这一役，文臣武将、精锐士卒死伤殆尽；粮草马匹、衣甲火器尽入敌手。而这时候北京守卫空虚，如果也先进攻，北京城能否守得住呢？明朝是否像宋朝一样分成两段呢？我们下节见。

213 北京保卫战

姜 sir：各位同学，大家好，我就是那个人见人爱、花见花开、车见车爆胎的姜 sir。

小 Q：大家好，我就是那个负责问问题的小 Q 同学。

姜 sir：上节我们说到土木堡之战，明朝大军被也先打败，明英宗被抓，也先兵临北京城下。明朝何去何从呢？

小 Q：我怎么感觉和宋朝的"靖康耻"有点像呢？

姜 sir：也先当时也膨胀了，认为要是拿下北京城，推翻大明朝，就可以恢复元朝的疆域，成为皇帝了。他手里还抓着明朝的皇帝当人质。而这时候的北京城内也是乱成一锅粥，因为北京城中兵力不多，还都是些老弱残兵。同时国家不能没有皇帝指挥啊，当时太子才 2 岁，怎么可能做出重大的决定？国难当头，急需一个撑住国家的主心骨，于是大臣经皇太后同意，拥立了明英宗的弟弟朱祁钰为新皇帝，也就是明朝的第7位皇帝明代宗。朱祁钰即位后的年号为"景泰"，历史上也称他为景泰帝。

小Q：明英宗感觉是被迫退位的，谁让你被抓了呢。

姜sir：有了新皇帝，明英宗朱祁镇就成了"过期产品"，瓦剌也就无法再利用皇帝来威胁明朝。这时候，朝廷就分成了两派，一派就建议迁都。原来首都在南京，现在回去，守着长江防守。

小Q：这完全就是按照北宋、南宋的剧本在演。

姜sir：另一派是以当时兵部侍郎于谦为首的主战派。于谦说："对于那些想迁都的人就应当杀头，首都是天下的根本，怎么能随便放弃？如果我们撤退，国家必亡。宋朝的历史教训都忘了吗？"

小Q：说得有道理，但是怎么打呢？

姜sir：最后主战派在皇帝的认同下战胜了逃跑派，决定打一场北京保卫战，"千锤万凿出深山，烈火焚烧若等闲。粉骨碎身浑不怕，要留清白在人间"。

小Q：不是打仗吗，怎么还背上诗歌了？

姜sir：这就是相传于谦12岁写的诗歌《石灰吟》。从中就能看出他的人生追求，根本不怕死，并且于谦崇拜的人是文天祥。

小Q：但是没有兵，怎么打？

姜sir：肯定是要调集军队，首先调了替补军人，还有山东以及沿海的备倭军来援助北京，备倭军是当时明朝抵御倭寇的军队。还把京杭大运河沿岸的运粮军也调来了北京。北京城的兵力由几万人迅速增加到了22万人，虽然战斗力差点儿，但最起码人数上有了优势。

小Q：毕竟是防守，只要指挥得好，还是有机会打赢的。

姜sir：于谦在这22万多人里挑选了相对精锐的15万人，分成了10个团营，便于统一管理和指挥。在武器装备方面，一方面抓紧制造；另一方面把南京库存兵器紧急调入北京，补充给北京的守城部队。此外，派人员到土木堡一带，去收集明军丢弃的物资，还真找回来不少武器。于谦还命人加固北京的城防设施。根据记载，一个月内，北京城四周四十五里的城墙已被加固。同时挖护城河、修城楼，安排500辆大马车昼夜不停地从通州往北京城里运粮。动员老百姓、官员及家属亲友们往北京城里运粮。

小Q：这绝对是防守战的打法，可问题是也先会给于谦时间准备吗？

姜sir：土木堡一战后，也先并没有立刻进军北京。他带着明英宗先后到大同、宣府，期望能够利用手里的皇帝人质去勒索一笔钱，或者借机让明朝守将出关投降，结果都没能

1283

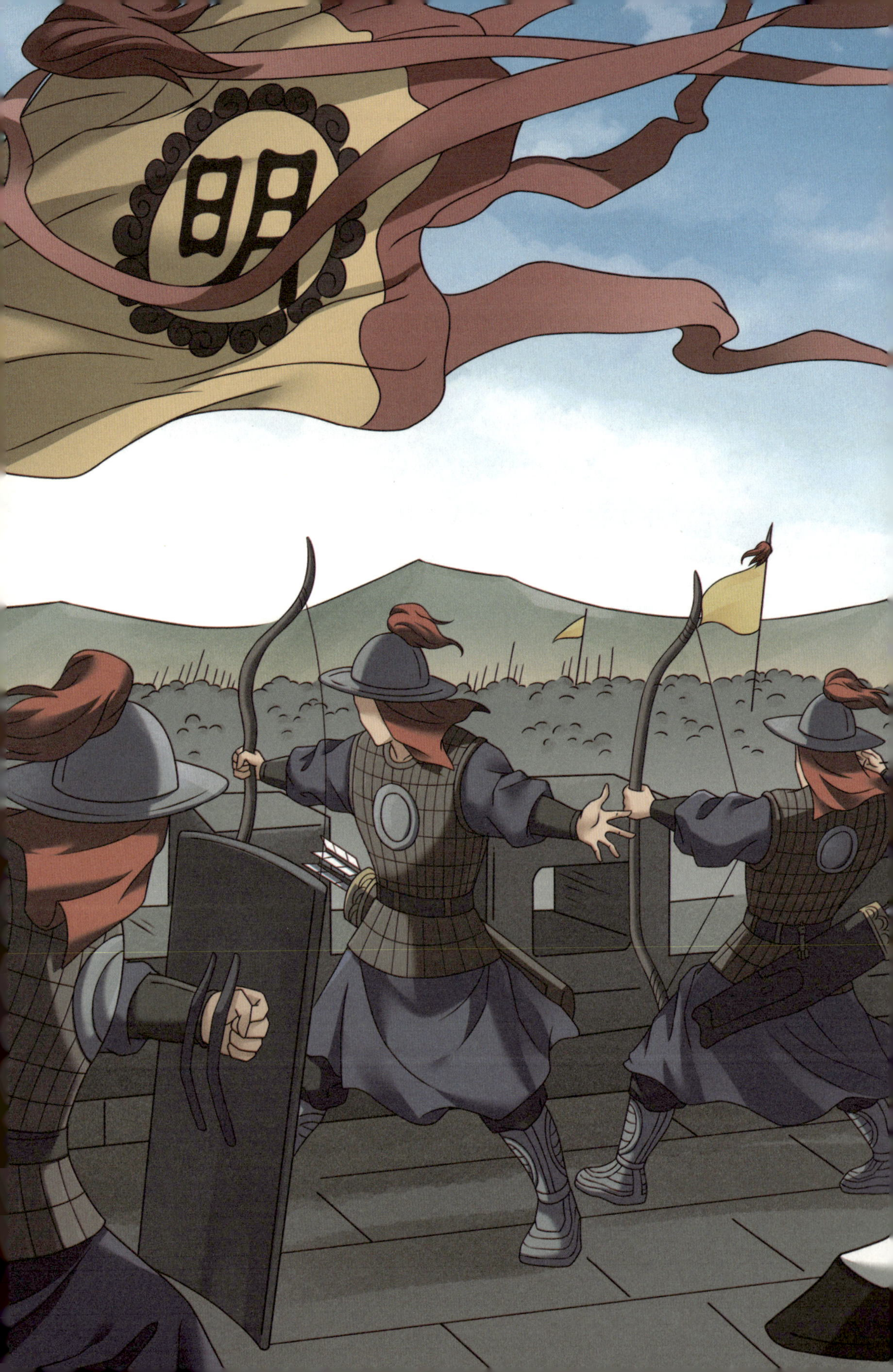
明

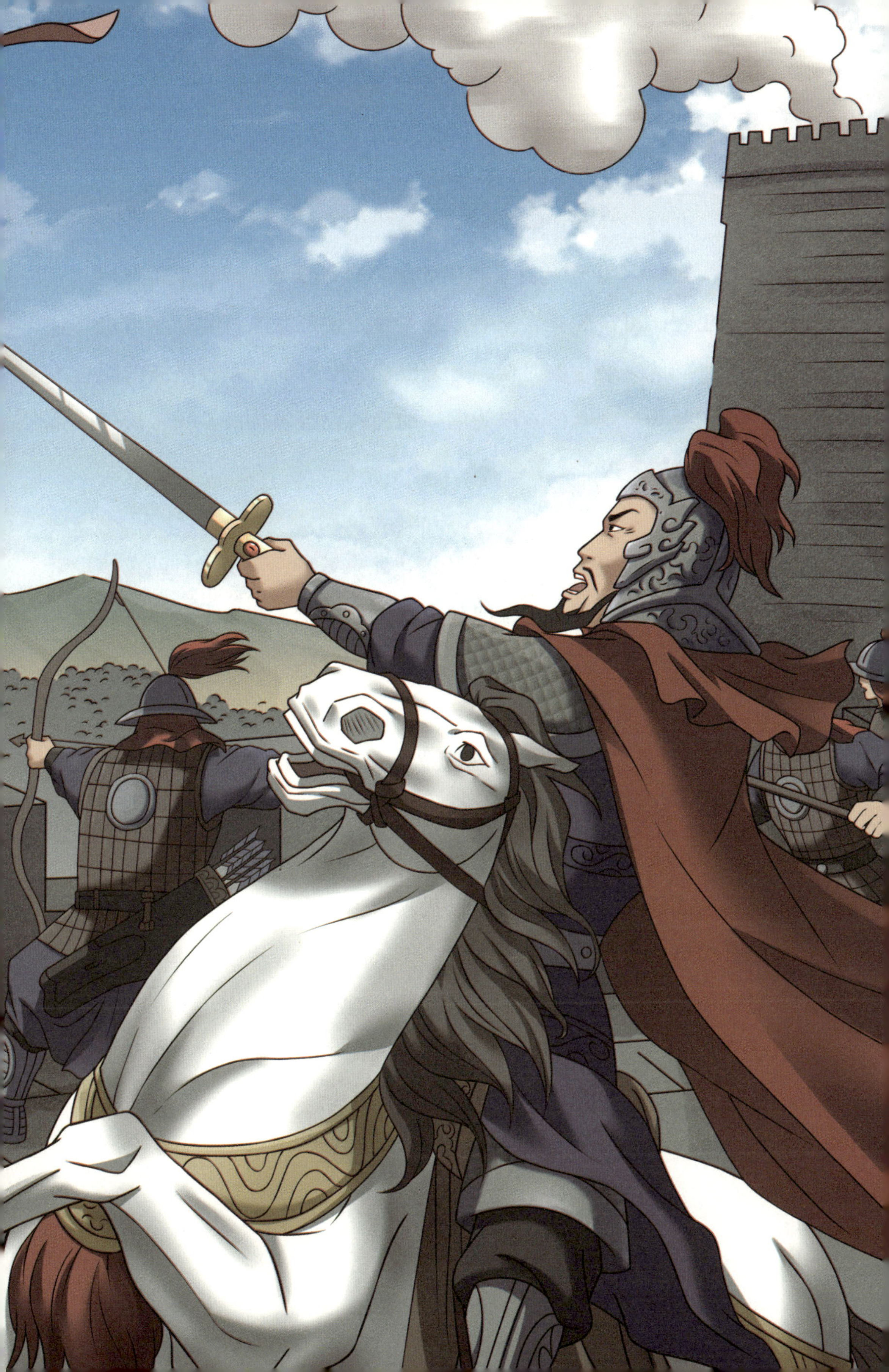

如愿，也先没有捞到太多好处。

小Q：然后就要打北京了吗？

姜sir：也先一直觉得明朝能和自己谈判，毕竟皇帝在他手里呢。可没想到人家有了新皇帝，便赶紧来打北京。当也先来到北京城下的时候，万万没想到会有一批军容整齐的明军士兵等着他，他本以为明朝的精锐已经被彻底消灭，天下尽在他的掌控之下了。

小Q：也先怎么着也得进攻试试。

姜sir：也先的先锋部队抵达北京城下，于谦亲自站在德胜门城楼上督战。于谦能和士兵一起守城，这让士兵非常感动，士气十分高涨。同时于谦并不准备只是防守。

小Q：这是什么打法？

姜sir：于谦的战术是背城一战，不能让敌人觉得我们只会防守。他派遣9位大将列阵于北京城的9个城门之外，并且下令关闭所有城门，绝对不后退。双方正式交锋，于谦用诱敌之计在德胜门阵前击退瓦剌的骑兵，取得胜利，也先的一个弟弟也死在明军的火炮之下。也先攻打德胜门、西直门都没有成功，攻打西南方外城阵地，也被打退。

小Q：也先如果不后退，就不怕被包围吗？

姜sir：也先也怕被包围，只能退兵。于谦命令士兵反击，一路连赢。北京保卫战结束。

小Q： 太厉害了，要不明朝就得分南明、北明了。

姜sir： 北京保卫战最终取得了胜利。可接下来一个大难题就来了，瓦剌要把明英宗送回来，是接回来还是不接呢？接回来谁当皇帝呢？我们下节见。

214 十六位皇帝十三陵

各位同学，大家好，我就是那个人见人爱、花见花开、车见车爆胎的姜 sir。

大家好，我就是那个负责问问题的小 Q 同学。

姜 sir：明朝一共有十六位皇帝，皇帝去世后就葬在北京市昌平区，就是举世闻名的明十三陵，是当今世界上保存较完整的陵墓建筑和埋葬皇帝最多的墓葬群。

小 Q：十六位皇帝，十三个陵墓，少三位皇帝啊？

姜 sir：明朝确实有三位皇帝没有葬在明十三陵。第一位就是明朝的开国皇帝朱元璋，因为当时明朝的都城在南京，所以朱元璋死后也就葬在了南京，就是明孝陵。第二位没有葬在明十三陵的就是一直消失的那位。

小 Q：建文帝朱允炆！

姜sir：连去向都是个谜，怎么可能有陵墓呢？

小Q：那第三位是谁啊？

姜sir：第三位就是在土木堡之变后，临危受命继承皇位的明朝第七位皇帝——明代宗朱祁钰。

小Q：人家是第七位皇帝，北京保卫战也是在他当皇帝后打赢的，为什么不能葬在皇陵呢？

姜sir：北京保卫战之后，明朝和鞑靼取得了联系，看起来关系还不错，也先听说后紧张起来，如果让鞑靼和明朝夹攻自己，那么自己就死定了。明英宗朱祁镇还在也先手里，也算个人质。但过了一段时间，也先发现明朝对明英宗的态度也变了，不像刚开始那样，隔三岔五来给明英宗送点东西了，所以也先明白了，想利用明英宗威胁明朝要钱这事儿，没戏了。

小Q：那就给人家送回去呗。

姜sir：也先真想送回去，但明朝这边，明代宗朱祁钰对于迎回哥哥反应很冷淡，不太想接回来。但大臣们很兴奋，都在讨论怎么接回太上皇。明代宗就不高兴了："当初是你们逼着我当的皇帝，现在又要把'正牌皇帝'接回来。"意思很明显，你们将我哥哥接回来了，那我干啥去？我俩谁当皇帝呢？

小Q：也是，都让人家当上皇帝了，现在让还回去。说起来容易，做起来难。

姜 sir：这时候于谦站出来，说，"天位已定，宁复有它"。意思是皇位已经定下来了，太上皇回来了还是你当皇帝，你就放心吧。所以在1450年8月，太上皇朱祁镇被接回来了，在迎接的礼仪上减了又减，同时明代宗把哥哥安置在南宫内生活，并派了一支军队负责守卫。

小 Q：我怎么感觉是看着他哥哥呢？

姜 sir：其实就是关起来了，毕竟哥哥朱祁镇已经做了十几年皇帝，比自己和大臣们的关系要好。为了防止哥哥与大臣联络，朱祁钰命人将南宫大门上锁，连食物都只能通过小洞递入。连纸笔的供应量，都进行了严格控制。他要让所有大臣逐渐忘了他哥哥。

小 Q：唉，为了皇帝的位置啊，都没有亲情了。

姜 sir：这时候的明朝还有一个问题，就是太子一直没换，还是太上皇朱祁镇的儿子。朱祁钰肯定不愿意："现在我当上皇帝了，等我死了，皇位还得还给我侄子？"于是就换了自己儿子当太子，但仅仅一年半，自己唯一的儿子就死了。这问题就来了，皇位传给谁呢？

小 Q：感觉这一家人好乱。

姜 sir：到了1456年年底，朱祁钰的身体越来越不好，大臣们一直在讨论立谁为太子，但最终没有定下来。就在这

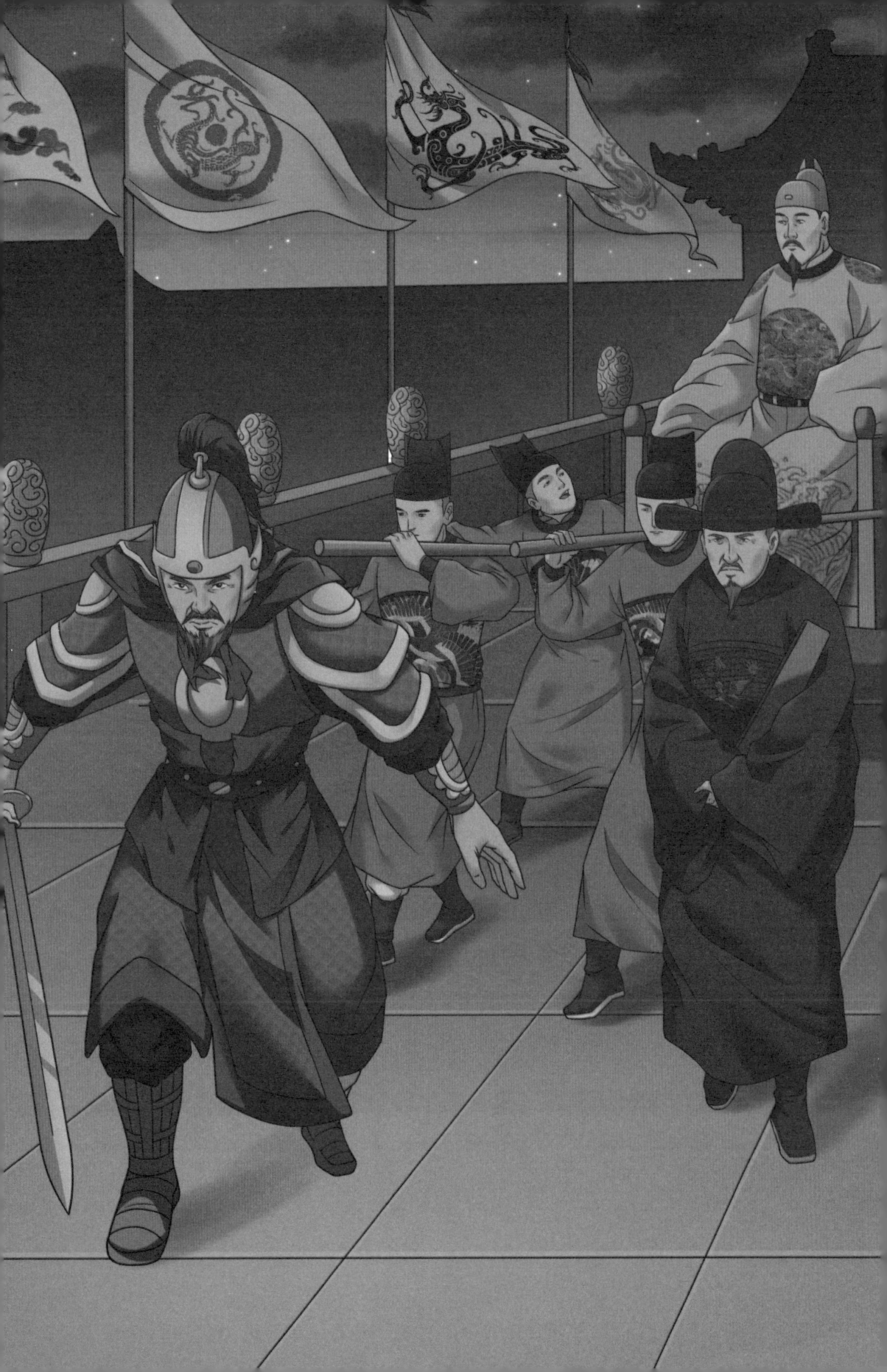

时候，朱祁钰信任的武将石亨做出了一个大胆的决定。

小Q：不会是把太上皇给放出来吧？

姜sir：因为朱祁钰非常重用文官，石亨一直都不满意，而现在立太子的事还是文臣在这里讨论，不论朱祁钰立谁为太子，功劳都轮不到石亨头上。既然皇帝要去世了，石亨就决心将宝押在被软禁的太上皇身上，他们相信，只要帮助太上皇重新当上皇帝，他们就是大功臣。

小Q：他们不会要起义造反吧？

姜sir：石亨他们合起来也就1000人左右，但石亨掌管着皇城钥匙，便直接打开大门，赶到南宫，请朱祁镇重新登基。第二天，大臣们上朝时看到的不是朱祁钰，而是太上皇朱祁镇坐在了龙椅上。这时朱祁镇和大臣们说："我弟弟病重了，大家让我复位，你们呢，还担任原来的官职。"这就是历史上著名的宫廷政变——夺门之变，又称南宫复辟。"夺门之变"被《明史》评价为"明代皇位之争，而甚无意义者，夺门是也"。

小Q：那明代宗朱祁钰呢？

姜sir：朱祁镇先是废除了朱祁钰的皇帝之名，随后还下诏指责弟弟不孝、不悌（tì）、不仁、不义，总之，各种不好，把弟弟关押在西苑。半个月后，朱祁钰突然死亡，死因不明。同时朱祁镇还捣毁了朱祁钰生前为自己修建的陵墓，把弟弟葬在了北京西山。因为朱祁镇不承认他弟弟是皇帝，所以明十三陵也就没有朱祁钰。

小Q：我觉得朱祁钰是有做错的地方，但人家也算明朝的皇帝呀。

姜sir：1475年，明朝才恢复朱祁钰的帝号，而重新做上皇帝的朱祁镇又会做什么呢？我们下节见。

215 明英宗做了件好事

各位同学，大家好，我就是那个人见人爱、花见花开、车见车爆胎的姜 sir。

大家好，我就是那个负责问问题的小 Q 同学。

姜 sir：整个明朝从土木堡打败，到后来的北京保卫战胜利，再到后来的夺门之变，一环扣一环。有一种说法是土木堡之战是明朝的转折点，它直接导致了大明军事实力的大减。

小 Q：都怪朱祁镇，相信宦官王振。

姜 sir：朱祁镇重新当上皇帝后，还给王振修庙了呢。用香木为王振做雕像，说王振是大功臣。

小 Q：那么多将士因为王振丢了性命，还给他修庙？！

姜 sir：然后还把大功臣于谦给杀了。

小 Q：他凭什么杀于谦？没有于谦，明朝都不一定存在了,你还能当皇帝?

姜 sir:当时朝廷上的大臣大多都是由朱祁钰提拔起来的。所以为了巩固皇位,最快、最有效的办法就是处理那些拥护弟弟朱祁钰的官员,而于谦是朱祁钰身边的头号人物。处置于谦就可以震慑其他大臣,清除弟弟朱祁钰的影响。而杀于谦的具体理由,历史上却并没有记载。

小Q:这和岳飞的"莫须有"很像啊。

姜 sir:明英宗重新当上皇帝后,还真做了一件值得称赞的事,就是废除了残忍的妃子殉葬制。

小Q:什么是殉葬?

姜 sir:简单的理解就是把一些物品、动物或者人同死者一同埋入墓穴中。

小Q:为什么还有人?这也太残忍了!

姜 sir:殉葬这种制度从原始社会就有了。那时候的人认为,人去世之后,会进入另外一个世界生活,所以为了在另一个世界能够生活得更好,就会在去世的时候带一些珍贵的东西一起埋葬。

小Q:这个可以接受啊,但为什么会埋葬人呢?

姜 sir:后来就出现了用人殉葬。因为对于奴隶主,奴隶就是自己的财产,和那些东西没有什么区别,所以奴隶自然也可以殉葬。例如在河南安阳发掘的墓葬中,有的甚至有二三百人殉葬。

到了商朝的殉葬，就已经不只是奴隶了。妻妾、卫兵，都可以用来殉葬。到了春秋时代，还有用大臣殉葬的。比如秦国的秦穆公，死前就想让大臣们给他殉葬。有一次秦穆公趁着大家喝酒喝多了，问大家愿不愿意给他殉葬。但没想到真有三个大臣主动站出来，表示愿意。

小Q：那就没人反对过这种行为吗？

姜sir：随着诸子百家思想的大量出现，人们就开始反对这种活人殉葬的制度。人活得好好的，为了别人死后能够继续享乐，就让人家陪着一起死，太过分了。于是，秦朝建立后，这个制度就被叫停了，并且有创意地想出个替代品，就是俑。比如著名的秦始皇兵马俑，再后来俑又被石雕、石像代替。

小Q：这个好，比用活人好太多了。

姜sir：虽然叫停了这个制度，但当时还是有一些活人殉葬的现象存在。直到汉唐时期，这个制度依然存在，但是逐渐由强迫改为自愿。另外，还有一种选择就是死后殉葬。比如说皇帝死后，大臣或者妃子不用马上死，等到正常死亡以后，埋在皇帝墓边上。

小Q：这个制度还不错。

姜sir：到了宋朝的时候，已经很少出现这种现象了。汉、唐、宋这三个朝代，殉葬的现象都比较少，但辽国殉葬再次

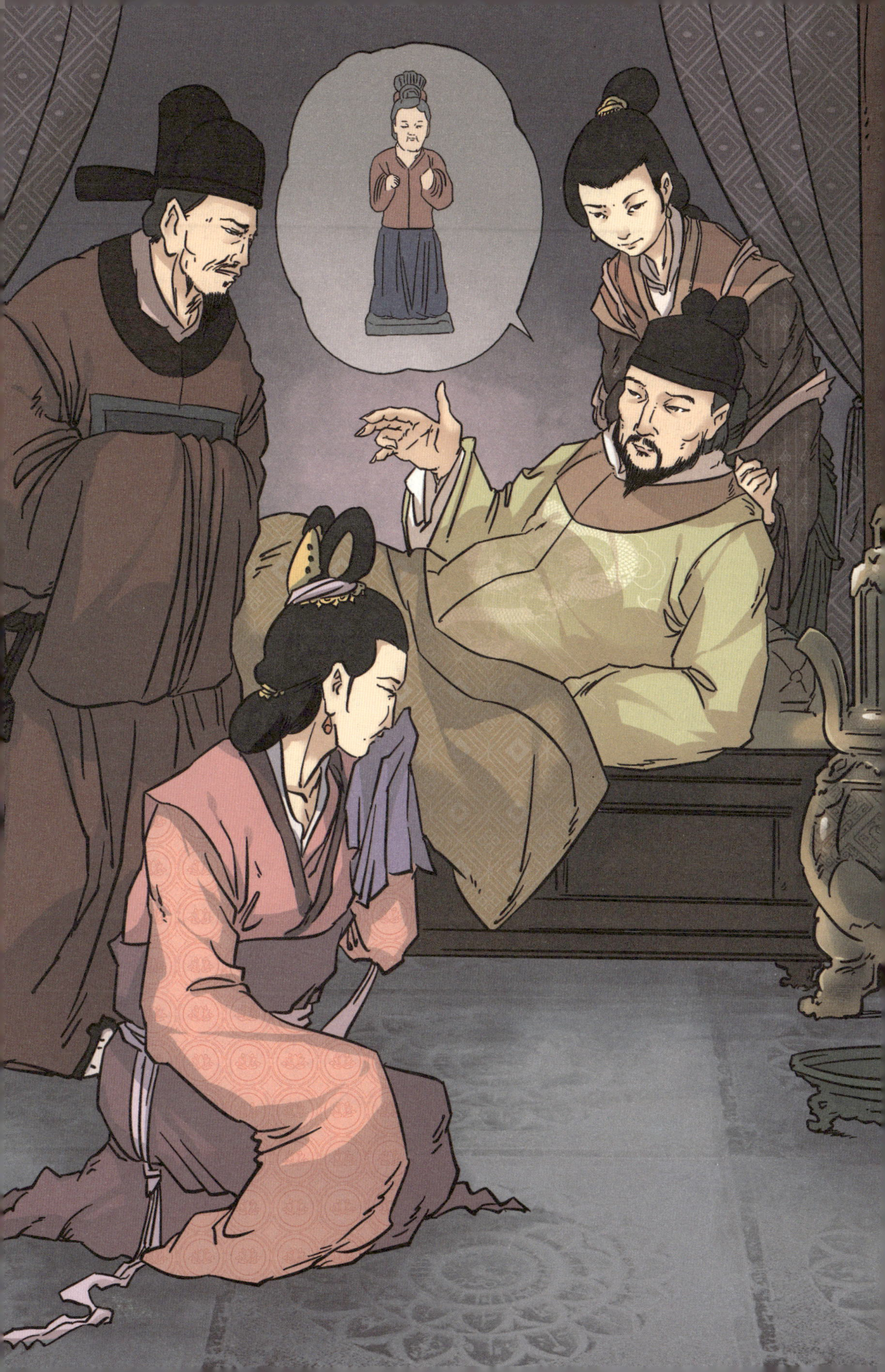

盛行，辽太祖去世后，有一百多名大臣为他殉葬。到了元朝的时候，殉葬又开始了，但元朝的殉葬越往后制度越轻。比如元朝最后一任皇帝，死的时候，就没有让妃子殉葬。

小Q：那朱元璋建立明朝肯定会废掉这个制度吧？

姜sir：不，朱元璋竟然恢复了。1395年，朱元璋的二儿子去世以后，他不仅将价值连城的珠宝给二儿子陪葬，还下令让他的王妃殉葬。据《胜朝彤史拾遗记》记载，朱元璋死后有46位妃子陪葬。而这项制度到了明英宗朱祁镇时期，这个在历史上名声并不好的皇帝说："用人殉葬，吾不忍也。此事宜自我而止，后世勿复为。"在他临死之前，就把废除这项制度写入了遗诏中，从此明朝再无用人殉葬。

小Q：明英宗这事做得不错，那他弟弟明代宗呢？有什么值得被后人记住的吗？

姜sir：明代宗就像一个演员，主演不见了，他临时被拉来客串一下，然后主演回来了，就没他什么事了。但其实就是这位临时演员的年号千古留名了，是什么呢？我们下节见。

216 景泰蓝是什么？

各位同学，大家好，我就是那个人见人爱、花见花开、车见车爆胎的姜 sir。

大家好，我就是那个负责问问题的小 Q 同学。

姜 sir：上节我们讲到了临时客串皇帝的演员明代宗，他在明朝的皇帝里很不起眼，也没有什么特殊贡献能够被后世记住。即使他支持了北京保卫战，但于谦的名气比他还大，但是有一样工艺用了他的年号"景泰"，到现在还经常被当作重要礼物来赠给外国友人，就是景泰蓝。

小 Q：景泰蓝不是一种颜色吗？

姜 sir：景泰蓝是中国的著名工艺品。明朝景泰年间，这种工艺技术制作出的工艺品非常精美。景泰蓝在国外叫珐琅器，但两者工艺也有不同的地方，这里的珐琅指的是一种特殊的涂料，涂在金属上既好看光亮，金属又不会生锈。明朝景泰年间用的主要颜色是蓝色，到了1728年，清朝雍正年间第一次出现"景泰蓝珐琅"这个记录，所以后来也就叫了景泰蓝。

小Q：也就是说，景泰蓝不一定是蓝色？

姜sir：现在的景泰蓝五颜六色，但景泰蓝的名字不会变。因为景泰蓝早就成了一种艺术品的称呼。

小Q：朱祁钰要是知道得多开心啊，自己的年号成了艺术品。

姜sir：景泰蓝的地位有多高呢？1779年，乾隆帝吃年夜饭的时候，餐桌上几乎都是景泰蓝的餐具。清朝末期和民国时期，大量西方人认为景泰蓝是代表中国贵族文化的典型物品，有品位的买家一看古玩店里连景泰蓝都没有，转身就出来了。

小Q：景泰蓝到底是怎么做出来的？

姜sir：景泰蓝的制作工艺大工序有七步：设计、制胎、掐丝、点蓝、烧制、打磨和镀金。小工序还有一百零八道。明代景泰蓝技术传到日本后，日本那边叫"七宝烧"。七步工序，任何一步都不能出现偏差，否则整个流程就废了。往往一个人只会一个工序，多人合作，一件景泰蓝才能诞生。制作出来的景泰蓝有玉石的温润，珠宝的光泽，瓷器的细腻，金银的灿烂。

小Q：这比做菜可复杂多了。

姜 sir：中国古代工艺中，绝大部分都叫官民共享，意思是皇帝有，老百姓也能有，比如瓷器，有官窑，也有民窑。但景泰蓝，直到清朝末期之前一直是宫廷独自享用，民间没有。同时，景泰蓝的制作原料稀缺，制作工艺复杂，色彩华贵艳丽，所以景泰蓝成为我国的国礼，经常出现在重要的外交场合。早在1793年大英帝国使节团来中国进行文化交流时，乾隆皇帝就将宫廷御用景泰蓝作为回礼赠送给了使节团。2015年5月9日，赠送给俄罗斯总统普京一件景泰蓝——《缠枝莲镀金龙耳瓶》，可见景泰蓝已经成为中华民族的名片之一。

小 Q：原来朱祁钰最著名的竟然是他的年号——景泰。

姜 sir：朱祁镇和朱祁钰这哥儿俩争来争去，最后朱祁镇也去世了，享年37岁。太子朱见深继位，也就是明宪宗，年号"成化"，明朝第八位皇帝。朱见深可是个苦命的孩子，2岁的时候碰上土木堡之变，爸爸被敌人抓了。没过多久，自己的太子位置也被叔叔给废了，只给他派了一个比他大17岁的宫女照顾他。

小 Q：幸亏他爸爸重新当上了皇帝。

姜 sir：但他爸爸当上皇帝7年就去世了，明宪宗朱见深当皇帝的时候也才17岁。他面对爸爸和叔叔折腾过的国家，做的第一件事就是平反。先是给叔叔朱祁钰恢复帝号，然后给北京保卫战的功臣于谦平反，大批当年受牵连的官员都被

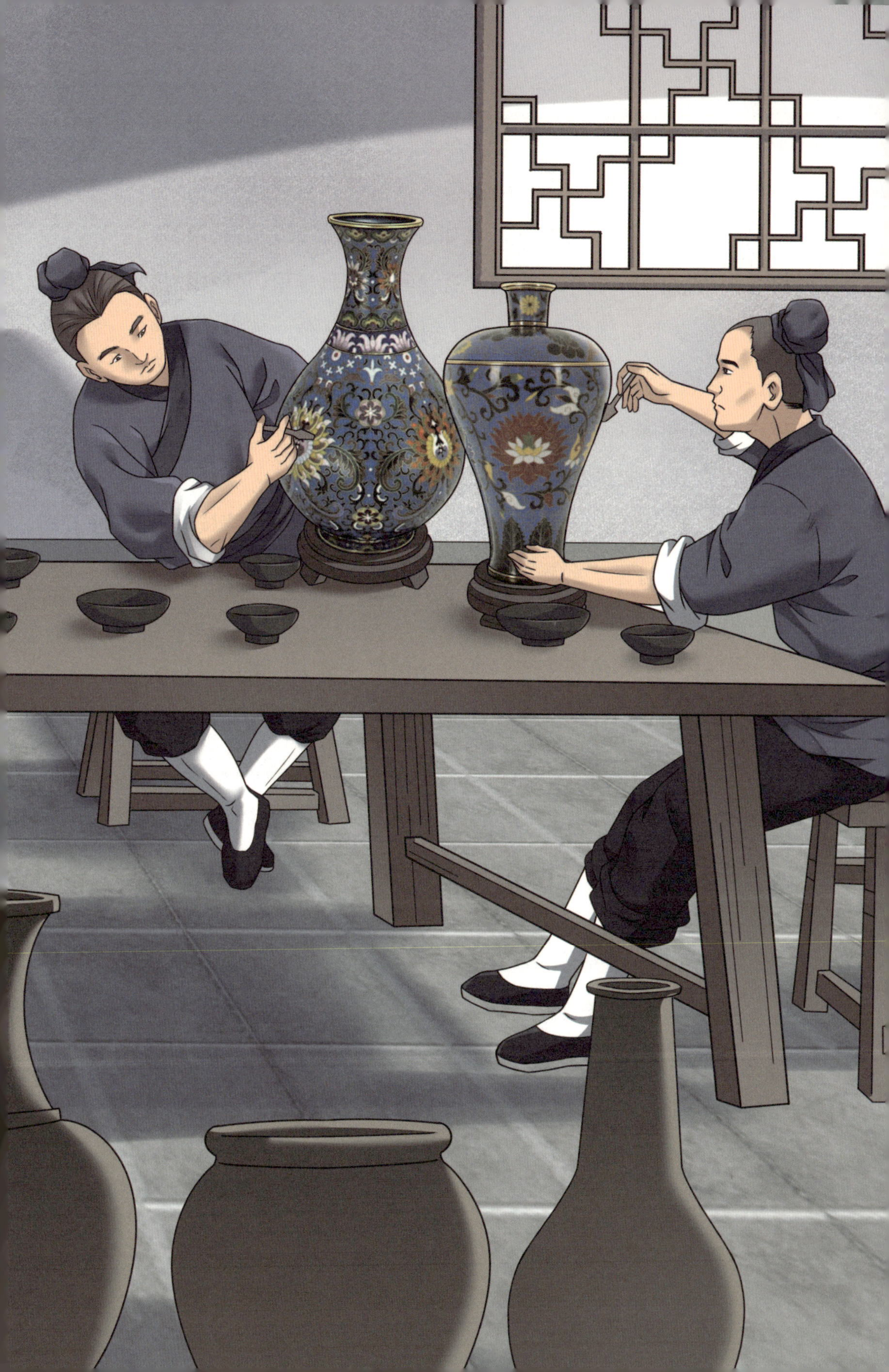

重新起用。

小Q：好有魄力的一位皇帝！

姜sir：明宪宗做过一件超级霸气的事就是"成化犁庭"。"成化"是明宪宗的年号，而"犁庭"则是形容明宪宗发起的对建州女真的一场战争的惨况。战争之惨烈，让整个土地就像是被犁过一样。当时整个建州女真，几乎被灭族了。

小Q：明宪宗为什么下手这么狠？

姜sir：当初朱棣收留了流窜至我国东北部的女真人，给了他们土地，让他们居住。这些女真人分成了三个大的部族，分别是建州女真、海西女真和野人女真。建州女真最靠近明朝，得到明朝的帮助也是最多的。不过，建州女真经常与明朝发生冲突。

小Q：所以明宪宗肯定要打他们。

姜sir：最终明军取得了胜利，这场战争对安定边境的效果是非常明显的。明宪宗在位期间，还在锦衣卫、东厂的基础上建立了西厂，这三个到底是做什么的呢？对明朝的影响又有多大呢？我们下节见。

217 特务机构大汇总

各位同学,大家好,我就是那个人见人爱、花见花开、车见车爆胎的姜 sir。

大家好,我就是那个负责问问题的小 Q 同学。

姜 sir:在中国古代,有一群非常特殊的人,他们经过特殊的训练,并且直接受皇帝指令,他们就是皇帝身边的特工。特工往往做着秘密工作,不仅帮皇帝监视大臣,还肩负着对敌国调查情报的任务。

小 Q:古代就有特工了?

姜 sir:每个时期有每个时期的叫法,汉武帝时期叫"绣衣使者",这些人是汉武帝专门挑选,为办理案件特设的。这群人冷若冰霜,不讲情面,神出鬼没,无处不在,专门针对贵族和官员,负责检查他们有没有做违法的事情。宋朝的叫"皇城司"，也是皇帝的贴身侍卫。清朝的叫"粘杆处"，还有个别名叫"血滴子"。

小 Q：那明朝的叫什么？

姜 sir：明朝的就是历史上最有名的锦衣卫，还有东厂和西厂。而这三个里名气最大的就是锦衣卫了，创立锦衣卫的就是朱元璋。朱元璋是一个非常重视礼仪制度的皇帝，他说过："有礼则治，无礼则乱。"朱元璋曾经召集天下有名的儒家子弟编写《大明集礼》，对礼仪制度、服饰等都进行了规定。在建立礼仪制度的过程中，朱元璋创设了拱卫司、仪鸾司等，主要负责陈设仪仗，也就是负责国家大型活动的各项工作，比如悬挂旗帜、摆设物品，提醒皇帝和大臣穿什么服饰，使用什么礼仪等。1382 年，朱元璋裁撤亲军都尉府与仪鸾司，改设锦衣卫，全称为锦衣亲军都指挥使司。从此，锦衣卫正式登上历史舞台。

小 Q：怎么感觉锦衣卫最初不是特工呢？

姜 sir：没错，最初锦衣卫不负责侦查、探案，但在刚刚创立的时候，朱元璋也会直接命令锦衣卫抓捕一些罪犯。但到了 1387 年，朱元璋认为锦衣卫滥用职权，甚至还有非法虐待犯人的情况，于是朱元璋命人烧毁了锦衣卫的刑具。

小 Q：那后来又重新重用了吗？

姜 sir：刑具是烧毁了，但朱元璋用锦衣卫办案的做法并没有停止。不仅包括官员的贪污案，甚至连商人如果卖东西搅乱物价这些案件，锦衣卫都有参与。1393年，锦衣卫在蓝玉谋反案件中强势回归，还有接下来的一系列案件，锦衣卫都起到了重要作用。从此，他们的权力就变大了，几乎什么都能管，相当于拥有现在公安局＋法院＋检察院＋监狱＋部分军队的权力。尤其是锦衣卫当时对大臣的监控，几乎像现在的摄像头一样。比如《明史·宋濂传》中记载的一件事，宋濂是朱元璋定的开国第一文臣，同时也是太子的老师。有一天，宋濂在家里请朋友吃饭。第二天，朱元璋问宋濂昨天干了什么？吃了什么菜？请的什么人？宋濂一一如实回答，然后朱元璋拿出一幅图，上面画着宋濂宴请宾客，将宋濂昨晚在家中宴客的情况描绘得非常详细。朱元璋还说宋濂没有骗他。

小Q：这么恐怖，感觉身边到处都是锦衣卫，可为什么后面还有东、西厂呢？

姜sir：东厂是朱棣设置的，因为朱棣是通过造反夺得皇位的，他对自身的安全非常担心，所以他需要掌握大臣和民间的情况。而锦衣卫里，估计会有建文帝的人，即使一个一个去排查，也不一定能查出来，干脆重新建立一个特务机构，并且机构的首领，由他相信的宦官来担任。

小Q：那为什么后来又有西厂呢？

姜sir：西厂是明宪宗朱见深设置的。这个据说和妖狐案有关。

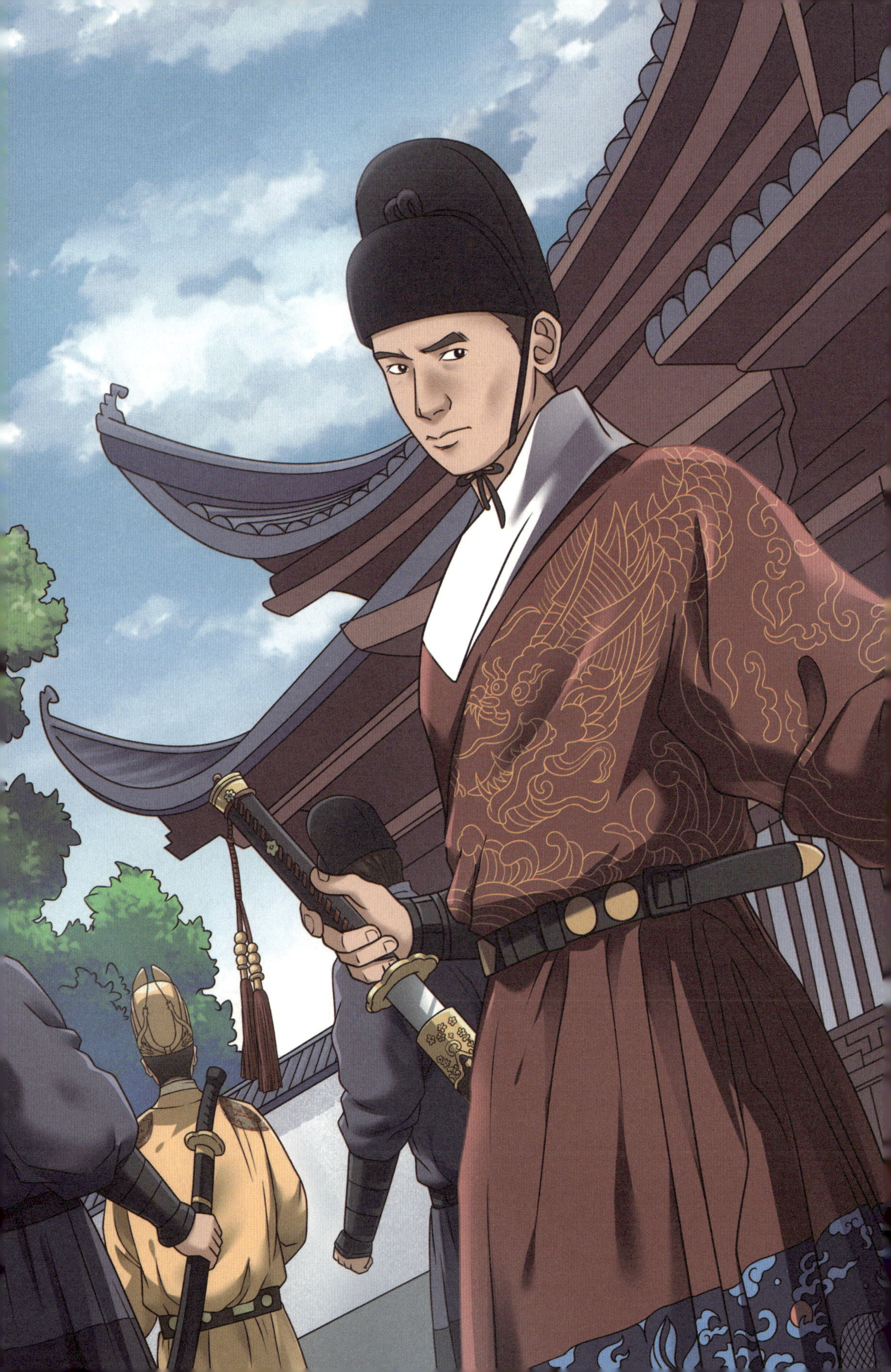

小 Q：妖狐？鬼怪传说还来了。

姜 sir：《明史》中也没有太详细的记载，就是一笔带过，很多版本都是野史、小说。比如祝枝山的爷爷记录的"妖狐夜出"。据说明宪宗带百官到郊外进行祭祀，忽然飞沙走石，狂风大作，气温骤降，竟当场有人冻死了。明宪宗认为此事一定有妖人作怪，回宫后下令严查，但是也没查出个结果。过了一阵，有太监发现有像狐狸的黑影在宫中出没，明宪宗坐立难安，再次下令严查，但也没查出来。随后，民间又有很多传说中的事情发生，并且都发生在北京。

小 Q：首都的稳定是很重要的。

姜 sir：所以这次明宪宗要全城"地毯式"筛查，结果锦衣卫捉到了一个道士，这个道士自称是李子龙，说是宫中的太监放他进了皇宫，负责刺杀明宪宗。

小 Q：所以明宪宗就不相信原来的特务机构了，对吧？

姜 sir：明宪宗一听，"你们是做什么的？我身边都不安全了"，所以明宪宗选用自己信得过的人，建立了西厂。但后来西厂的权力过大，同时西厂办事方式不顾一切，甚至还假传圣旨，导致了一系列冤假错案的发生。明宪宗就此撤销了西厂，西厂只存在了短短 5 年就消亡了！但这 5 年的折腾，对明朝也产生了不好的影响。明朝接下来是继续折腾呢，还是会出现一位明君呢？我们下节见。

218 只娶一个妻子的皇帝

各位同学，大家好，我就是那个人见人爱、花见花开、车见车爆胎的姜 sir。

大家好，我就是那个负责问问题的小 Q 同学。

姜 sir：上节我们说到明宪宗朱见深成立西厂，又废除西厂。历史上对明宪宗的评价是前半生英明，将爸爸和叔叔留下的烂摊子收拾得很好，并重用贤臣，比如李贤、商辂（lù）、彭时等，同时施行减免老百姓赋税等一系列政策，整个国家经济渐渐复苏。但后半生宠信宦官汪直、贵妃万氏，导致朝堂风气再次昏暗，贪腐盛行，民不聊生，明朝又一次走向衰落。

小 Q：下一任皇帝压力可就大了。

姜 sir：接下来的皇帝可以说是历史上童年最悲惨的皇帝，他就是明孝宗朱祐樘（chēng）。直到 5 岁那年，他爸爸才知道自己有这样一个儿子存在。

小Q：啊？为什么？

姜sir：这可以说是一环扣一环。当年明英宗朱祁镇土木堡之变被抓，明代宗朱祁钰继位。新皇帝朱祁钰不喜欢原太子，就是明宪宗朱见深，所以朱见深小时候的生活非常惨。可怜的朱见深是在一个叫万贞儿的宫女的拼命守护下，才活了下来，直到当上了皇帝。朱见深为了报答万贞儿，要把她封为皇后，但遭到了太后等人的坚决反对，于是就封了万贞儿为妃子。

小Q：这个万贵妃好看吗？

姜sir：史料记载，万贵妃"貌雄声巨，类男子"，意思是说万贵妃虎背熊腰，还有男人一般的声音。但就是因为对明宪宗的精心照顾，让明宪宗超级宠爱她。在明宪宗即位的第二年，万贵妃就生下了孩子。但不幸的是，这个小皇子很快就去世了，由于万贵妃年龄大了，没办法再生皇子了，所以她害怕别的妃子生下皇子，会超越她在皇帝心中的地位。于是谁要生皇子了，万贵妃就会想尽一切办法让这些孩子没办法活下来。

小Q：太坏了！明宪宗没孩子，怎么立太子呢？

姜sir：后来明孝宗朱祐樘出生了，为了不让万贵妃知道，朱祐樘从小就被藏在小黑屋里，连阳光都很少见，还长期营养不良，只能靠着宫女、太监偷一些吃的给他。

小Q： 好可怜啊，这可是皇帝的儿子。

姜sir： 明宪宗正感慨自己没孩子的时候，身边的太监告诉皇帝："您有儿子，已经5岁了，只是您不知道。"朱祐樘的身份这时才被公布出来。

小Q： 真是一环扣一环，要是没有土木堡之变，可能后面的事情都不会发生。

姜sir： 朱祐樘经历了如此悲惨的童年，却没有对世界充满抱怨和仇恨，而是养成了善良、仁德的好品质。朱祐樘登基后，改国号为"弘治"。因为爸爸后期的胡乱折腾，朱祐樘上位之后，面临的是一个破败不堪的局面，于是便开始改革。刚开始，朱祐樘记不住大臣的名字，为了记住名单，他就把名单贴在墙柱上，同时还将一些贪官、贬官按罪行处理。

小Q： 一听就是位好皇帝。

姜sir： 明孝宗朱祐樘对东厂和锦衣卫进行了严厉整顿，这两个部门在明孝宗时期全都秉公执法，不敢严刑拷打犯人。同时明孝宗特别不喜欢残酷的刑法，他在位期间重新编写了《大明会典》，将明朝法律中的许多残酷法律全部删除。

小Q： 太善良了，对老百姓一定特别好。

姜sir： 爸爸留下的烂摊子逐渐得到治理，明朝衰败的趋势也有了明显的改观，这段历史也被称为"弘治中兴"。同时

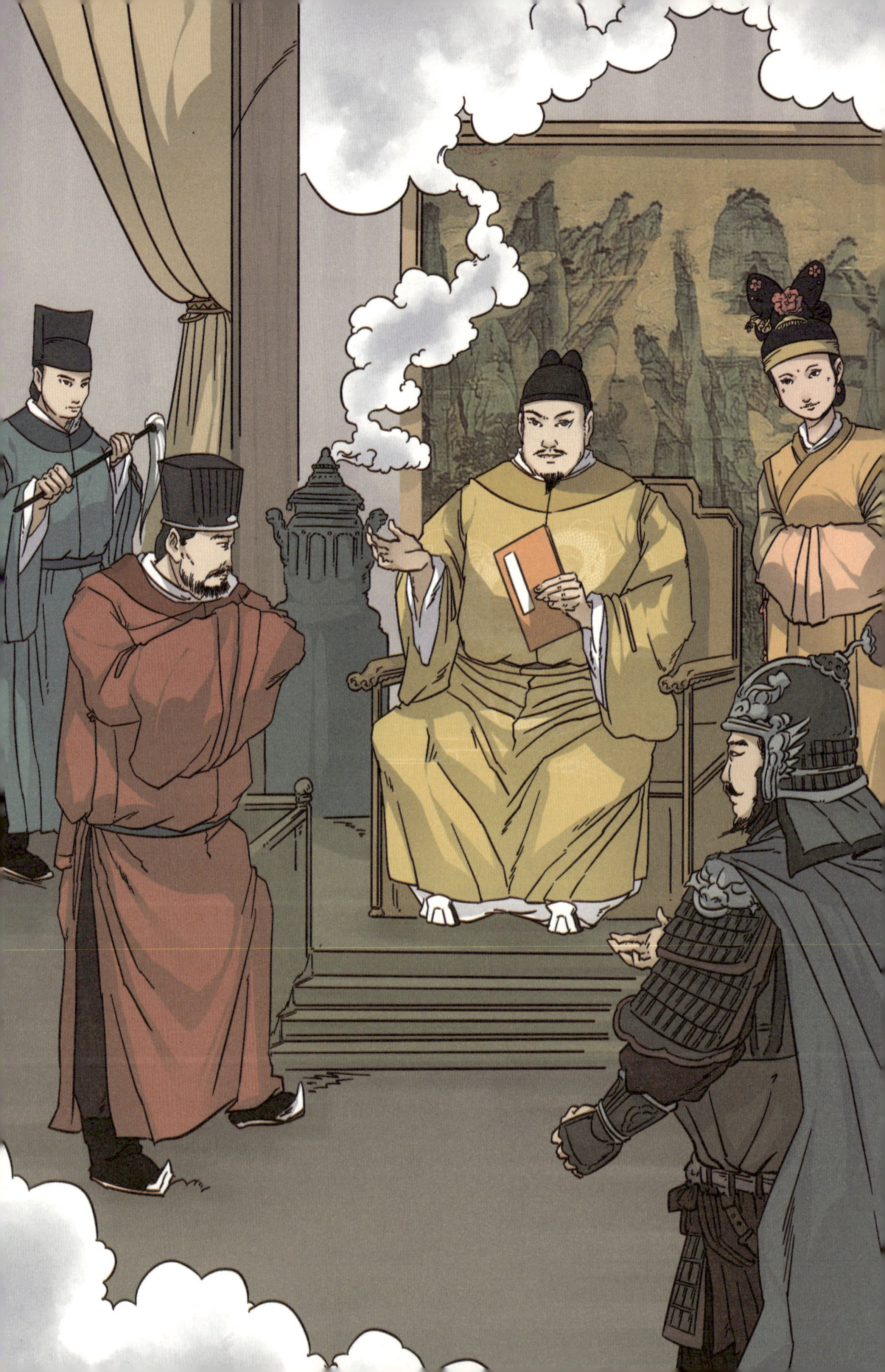

古代皇帝都是三宫六院，佳丽三千。但明孝宗朱祐樘是一位模范丈夫，就娶了一位张皇后，而没有其他任何妃子。

小Q：历史上只娶一个女子的名人多吗？

姜sir：三国时期的诸葛亮，唐朝的魏徵，宋朝的司马光，明朝的于谦，还有就是明孝宗朱祐樘。

小Q：明孝宗还真是位好皇帝、好丈夫。

姜sir：明孝宗也会犯错，这和他的身体有关。小时候营养不良，晒不到太阳，长期处于担惊受怕的状态，所以一直体弱多病，导致他经常生病不舒服。同时他还坚持每天处理堆积如山的国家事务，这种高强度的工作，彻底拖垮了他的身体。后来他吃药也不管用了，因为他想要长生，这就使得明孝宗在执政后期做出了一个非常昏庸的举动——痴迷佛教。

小Q：皇帝如果痴迷某一个宗教，感觉对国家影响会很大。

姜sir：所以明孝宗又走上了很多皇帝的老路——前期英明，后期昏庸。但人都会犯错，这并不影响明孝宗的历史地位。借用明朝一位大臣的话就是："三代以下，称贤主者，汉文帝、宋仁宗与我明之孝宗皇帝。"明孝宗是1470年出生，1505年去世的。而在江南地区，一位才子和明孝宗是同一年出生的，明孝宗和这位才子未来会发生什么呢？这位才子究竟是谁呢？我们下节见。

219 别人笑我太疯癫

各位同学，大家好，我就是那个人见人爱、花见花开、车见车爆胎的姜 sir。

大家好，我就是那个负责问问题的小 Q 同学。

姜 sir：上节我们说到，在江南地区，一位才子和明孝宗是同一年出生的，他就是唐寅，字伯虎。在民间，唐伯虎名气非常大，他是一位书画诗多位一体的混合型艺术人才。

小 Q：书画诗，就是书法家、画家、诗人吗？这么厉害？

姜 sir：唐伯虎出生在一个商人家庭，父母开了一个小酒馆。唐伯虎 15 岁的时候，考上了秀才，而且还是第一名的好成绩。18 岁的时候娶了妻子，家庭幸福美满。但 24 岁这一年，唐伯虎的父亲去世了，母亲因为悲伤过度一病不起，最后也去世了。但这还没完，很快，唐伯虎的妹妹和妻子也都去世了。

而就在不久之后，唐伯虎的孩子也去世了。

小Q：这打击也太大了。

姜sir：当时唐伯虎写了一首《白发诗》来表达自己悲痛的心情，这时候支撑他努力奋进的，只有科举了。因为他的父亲一直都希望他光宗耀祖。之后唐伯虎专心学习，28岁的时候，考取了解元，因此唐伯虎又被人们称作"唐解元"，可以说是前途一片光明。

小Q：解元是什么？

姜sir：就是科举乡试第一名。

小Q：乡试又是什么考试？

姜sir：这就要说到科举考试的流程了，明朝的科举考试第一级是院试，院试合格者被称为秀才。但秀才是没有资格做官的，只相当于知识分子而已。第二级的考试叫乡试。乡试并不是在乡里考试，而是相当于现在省一级的统考。在这一级别考试中过关的人就叫举人。比如《范进中举》里讲的就是范进参加乡试中了举人一事，范进考了二十多次科考，在他54岁那年，终于考中了举人，得知这一消息后，范进就发疯了。

小Q：看来很难考。

姜sir：乡试每3年一次，在秋天举行，所以也被称为秋闱（wéi）。基本上每3年才出几百个举人，同时皇帝分配各省乡试的配额也不均匀。1526年，江苏丹阳县（现丹阳市）生员有213名，但是当时朝廷分配给丹阳县参加乡试的配额只有28人，而在其他一些省份配额多达五六十人，次者三四十人，甚至有些县城仅仅有四五个名额。县城的生员人数相差不大，但是配额却天差地别，这大大增加了一些县城生员考中举人的难度。总的来看，乡试录取比例差不多在200∶1。即使考上了举人，也要参加第三级考试，叫会试。相当于全国统考，录取名额在三百人左右，录取的人被称为贡生，第一名叫会元。科举考试的最后一道，也是最高级别的考试，叫殿试。殿试只定名次，不存在落选的说法。殿试的主考官是皇帝，考试方式是皇帝提问，考生回答，殿试合格者被称为进士。进士也是有名次的，前三名分别是状元、榜眼、探花。

小Q：解元、会元、状元。这就是"连中三元"吧。

姜sir："连中三元"这个成语，是指接连在乡试、会试、殿试中考中了第一名。那是古时候很多读书人的愿望。

小Q：唐伯虎有没有可能"连中三元"？

姜sir：据《明史》记载，唐伯虎参加乡试的文章写得非常精彩，得到了主考官程敏政的赞赏。程敏政还拿给了一些官员去看，大家都竖大拇指称赞。1499年，考生进京参加会试。唐伯虎和徐经一起拜访了考官程敏政，问题就出现在了这里。这一年会试时，第三题策论是以元代刘静修的《退斋记》为题，

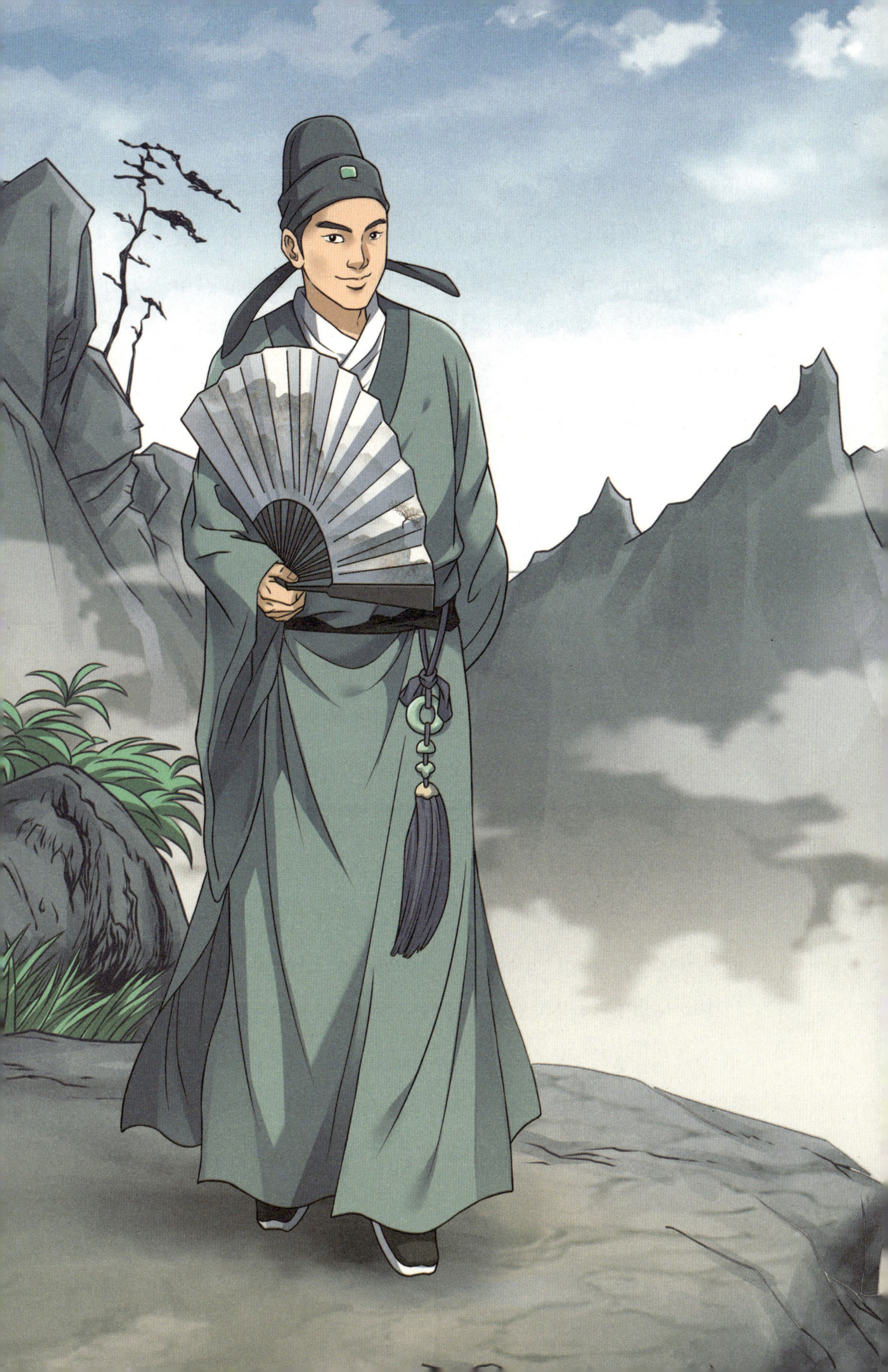

很多人交了白卷，因为太难了。所有参加会试的人当中，只有唐伯虎和徐经两个人做对，也就是说，如果唐伯虎不存在作弊的情况，他就是全国第一，徐经有可能是全国第二。而这件事很快就传得沸沸扬扬，有人说是程敏政泄题给唐伯虎和徐经。明孝宗决定亲自处理这次作弊事件，命令锦衣卫负责侦办和审讯。可是唐伯虎坚决不承认作弊，这件案子折腾了半年也没有进展和结果，只好把唐伯虎给放了出来。不过，按照当时的规矩，唐伯虎虽然被放了，但被判永不录用为官。对于二十多年寒窗苦读的唐伯虎来说，一切希望都破灭了。

小Q：整个人生都改变了。

姜sir：唐伯虎被放出来后，没有能力对抗这个世界的不公平，于是整日饮酒。而在这期间，他创作了很多画作。无论是山水画还是人物画，唐伯虎的绘画技艺都确实高超。同时他还写下了《桃花庵歌》，表明了自己的生活态度："别人笑我太疯癫，我笑他人看不穿。不见五陵豪杰墓，无花无酒锄作田。"在唐伯虎36岁左右，他结婚了，生活还很美好。但几年之后，妻子生病离开了人世。唐伯虎再次陷入了痛苦当中，从此他再也没有娶妻，最后死的时候仅仅54岁。

小Q：好悲惨的人生啊，只因那次科举考试，便成了他人生的转折点。

姜sir：唐伯虎虽才华横溢，但他一生凄惨，而在那次转折点中，还有一位明朝大名鼎鼎的人物。他和唐伯虎是同一时代的才子，但他在后世的地位竟然超越了许多皇帝，和孔子、孟子、朱熹并列。他是谁呢？我们下节见。

220 终于想明白了

各位同学,大家好,我就是那个人见人爱、花见花开、车见车爆胎的姜 sir。

大家好,我就是那个负责问问题的小 Q 同学。

姜 sir:上节我们说到一位和唐伯虎同时代的才子,他就是我们常说的中国思想界四大高峰,"孔孟朱王"里的王守仁。

小 Q:哇,能和孔子、孟子、朱熹相提并论!

姜 sir:王守仁,字伯安,号阳明,后人一般都叫他王阳明。据说,王阳明出生的那个晚上,他的奶奶梦里听到了音乐声,一位仙人从云中走下,将一个婴儿交给了她。梦醒后,王阳明就出生了。所以最初这个孩子叫王云,但这孩子到了 5 岁都不会说话。有一天来了一位僧人,走到王云旁边说道:"好孩子,可惜父母不懂事,在名字里把你的志向给泄露了。"意思是仙人送来的事情怎么能起到名字里呢？所以家里人赶紧给改名"王守仁"，来自《论语》，期望这个孩子能够用"仁"守住自己的智慧。过了几天，王守仁就会说话了。

小Q：听着好神奇！

姜sir：后来王守仁的爸爸考中了状元，去京城做官，王守仁也就到了京城。年纪很小的王守仁问老师："我们为什么要读书呢？人生什么事情最重要呢？"老师说："当然是读书做大官了。"王守仁却说："不对，我认为第一等事应该是读书做圣贤。"

小Q：口气这么大！志向这么高！

姜sir：王守仁注定不是普通人，14岁的王守仁去边塞走了一圈回来后，京城附近发生了农民暴动，他知道消息后，连夜写了一篇文章，请求父亲交给皇上。父亲一看："这孩子，天天想的都是大事，这么下去可不行，得赶紧给他娶个老婆。"于是，王守仁只得在16岁那年结婚了。但结婚那天，却没找到王守仁。

小Q：这么早就结婚了，放到现在还没念完书呢。

姜sir：古人结婚都比较早，比如北周武帝令：男十五，女十三。唐太宗贞观令：男二十，女十五。唐玄宗开元令：男十五，女十三。宋仁宗天圣令：男十五，女十三。宋宁宗嘉定令：男十六，女十四。宋司马光《书仪》：男十六，女十四。明太祖洪武令：男十六，女十四。清《大清通礼》：男十六，女十四。

小Q：那王守仁也不算早。他不会跑了不想结婚吧？

姜sir：他是遇到一个道士，和人家聊天，越聊越开心，把结婚这事给忘了。

小Q：还真是一个另类的人。

姜sir：王守仁一直在专心研究朱熹的学问。朱熹认为，万物之中都有理，你去研究身边的事物就可以了，这就叫作"格物"。你今天格一物，明天格一物，不停地格物，总有一天会想明白，认识到那个最高的理，这就是"格物穷理"。于是王守仁开始研究竹子，一动不动地盯着竹子看了好几天，想从中悟出想要的道理，但是除了眼花、头疼，什么也没有得到，这就是著名的"守仁格竹"。

小Q：我认为这是一种探索精神。

姜sir：20岁的王守仁，第一次参加乡试就中了举人。之后两次参加会试都没考上，第三次通过了，当了官。但这次做官之路，让王守仁非常不满意，面对很多黑暗的不公平的现象，他又解决不了，这不是他想要的官场。到了三十多岁，王守仁感觉人生到了十字路口，当官之路和自己最初的理想很不一样，学术和思想方面也一直没办法突破，很苦恼。

小Q：一般伟人到这时候，一定会有不平凡的事情发生。

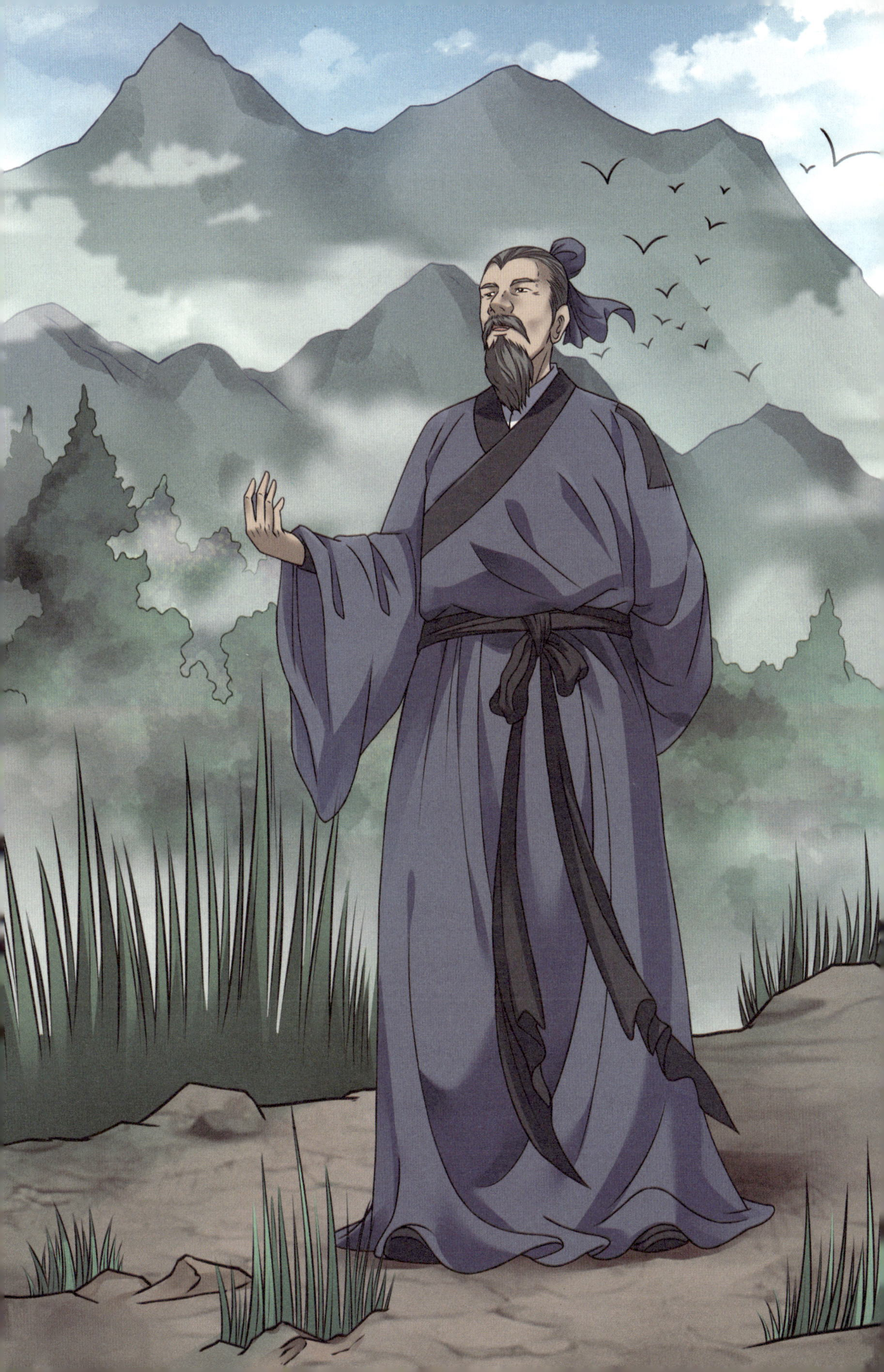

姜 sir：当时朝廷出了个奸臣宦官刘瑾，很多大臣反对刘瑾都失败了。王守仁这样正义的人也因为反对刘瑾而入狱，被贬到贵州龙场驿站。当时的贵州龙场几乎相当于原始森林，各种猛兽都有。有一天夜里，一头熊走进了王守仁居住的石洞，差点把王守仁吃了。但就是在这里，发生了著名的"龙场悟道"。这是中国哲学史上的标志性事件。

小 Q：他到底悟出什么了？

姜 sir：在艰难的环境中，王守仁经常问自己："圣人处此，更有何道？"如果朱熹像我一样，来到这个地方，他会怎么解决呢？ 按朱熹的思路，这时候应该向外寻找生存的智慧。问狗熊，容易被吃；问当地人，当地人听不懂你在问什么；问花花草草，当年的竹子都没问明白。就算狗熊、花花草草能告诉我答案，也不适合我啊。所以王守仁想明白了，一切都得靠自己。解决困难的关键在自己，这就是心即理。

小 Q：原来如此，总有人说战胜自己很关键。

姜 sir：这就是王守仁的心学。他认为，如果一个人活在世上，想做出点成绩，实现人生的价值，办法就是坚持自己的内心，做一个好人，善良的人，对国家有用的人。不要去管别人怎么议论你，只要自己的内心认为是对的，就坚持去做，积极创造条件去做，从身边能做的事情做起。

小 Q：就是要相信自己。

姜 sir：王守仁说过："各人的胸中自有一个圣人，只因为信心不足，自己把圣人给埋没了。"我们每个人都是神圣而伟大的，只是很多人不相信自己，觉得自己不行。内心强大的人，在很多关键时刻都会发挥得更好。王守仁带着自己的心学会发生什么呢？我们下节见。

221 皇帝给自己封官

各位同学，大家好，我就是那个人见人爱、花见花开、车见车爆胎的姜 sir。

大家好，我就是那个负责问问题的小 Q 同学。

姜 sir：上节我们说到王守仁龙场悟道，慢慢地，王守仁的心学思想越来越成熟，名气也越来越大。1509 年，王阳明告别了龙场，开始到贵阳学院讲学，传播他的思想。1510 年 3 月，王守仁被任命为江西吉安府庐陵县县令。这是王守仁第一次实际管理地方事务，也是他"知行合一"思想的初次运用。

小 Q：什么是知行合一？

姜 sir：简单理解就是，当知道这件事情是好的时候，就要去做，去行动，知道和行动的心要一致，要一心一意地去把它做好，不能三心二意和半途而废。

小Q： 王守仁一定是个好官员。

姜sir： 王守仁虽在庐陵只做了7个月的官，但处理了许多事件，于是朝廷给王守仁升官，调他去剿灭土匪。接下来，王守仁展现了他的军事才能。1517年，45岁的王守仁到达江西开始剿匪。这帮土匪可不简单，他们不但人多势众，而且作战勇猛，每次官兵出击，要么找不到土匪，要么中土匪埋伏。

小Q： 感觉有人通风报信呢。

姜sir： 王守仁到任后先放出消息，扬言要剿匪，然后派人盯住手下，发现去通风报信的就记下，回来后全部给抓了。王守仁最厉害的是，这些通风报信的他一个也不杀，而是先进行思想教育，让这些人当自己的卧底，给土匪传递假消息。于是很多土匪就这样被剿灭了。

小Q： 这大思想家还用上兵法了。

姜sir： 王守仁是个军事天才，只用了不到3个月的时间，就清剿了盘踞江西十几年的土匪，但真正展示他军事天赋的是平定宁王叛乱。

小Q： 宁王听着就不是普通人。

姜sir： 宁王叛乱，就得从明孝宗去世传位给儿子明武宗朱厚照说起。朱厚照2岁就当了太子，爸爸明孝宗为了培养他的男子汉气概，让他很小的时候就在宫中玩抓贼、领兵打仗之类的游戏，但没想到14岁的朱厚照当上皇帝后，还是爱玩这些游戏。他还培养了8个亲信在身边，就是宫里的8个小太监，他们被称作"八虎"。朱厚照还发现当皇帝的乐趣就是可以随心所欲地玩，没人管自己。

小Q：当皇帝不得想着天下百姓吗，怎么能光想着玩呢？

姜sir：明武宗朱厚照当上皇帝还喜欢玩过家家，让手下装作做生意的人摆摊，自己化装成一个商人，大家假装讨价还价，并且还爱给自己封官。

小Q：都当上皇帝了，还需要什么官呢？

姜sir：朱厚照一直希望自己能和开国皇帝朱元璋一样厉害，特别想亲自到战场上带兵打仗。但那时候明朝没有战争，朱厚照就没有机会，后来鞑靼开始骚扰明朝边境，朱厚照开心啊，于是朱厚照来到了前线，把自己封为"总督军务'威武大将军'总兵官"，调遣五万兵马迎战，双方连续厮杀了十个小时，朱厚照也自称杀敌一人，打退了敌人。

小Q：还打赢了，比土木堡之战强多了。

姜sir：1519年，朱厚照想要南巡，周游天下，大臣集体表示反对。这个时候，一直在积极准备反叛的宁王看到这个时机不错，于是借口明武宗不适合当皇帝，起兵反叛了。1519年6月14日，宁王召集军队10万，亲率军队渡江东下，

明

想要攻取南京。

小Q：南京这么重要的城市，要是打下来，可不得了！

姜sir：宁王早就准备好造反了。他私下训练兵马，囤积粮草，招揽人才，还把唐伯虎给招来了。

小Q：唐伯虎不会也跟着造反了吧？

姜sir：当时唐伯虎的好朋友祝枝山知道宁王要造反，就想写信告诉唐伯虎，但是又害怕书信被宁王看到，于是给唐伯虎送了个礼盒，里面装着枣、梨、姜，还有西瓜。

小Q：这里面除了姜不好吃，剩下的都挺好吃。

姜sir：你就知道吃。人家的意思是早（枣）离（梨）江（姜）西（西瓜）。唐伯虎本身就怀疑宁王要造反，他深知谋反是最严重的罪！确认了这个消息，唐伯虎就开始装疯，在大街上像个疯子一样说胡话。宁王就信了，唐伯虎借机逃了出来，躲过了这一劫。就在这时候，王守仁正在去福建剿匪的路上。当时王守仁距离宁王的南昌城只有100里路，宁王知道后，就派了追兵，要来捉拿王守仁。

小Q：我相信凭王守仁的能力，肯定抓不到。

姜sir：跑是跑了，可王守仁却面临着选择，是继续去福建剿匪，还是留下来平定宁王叛乱？

小Q：当然是留下来了，平定叛乱更重要。

姜sir：如果不去福建剿匪，则是抗旨不遵；去讨伐宁王，皇帝也没让他去啊。这属于擅自行动,并且也没办法调动军队。王守仁该如何选择呢?我们下节见。

222 宁王两次被抓

各位同学，大家好，我就是那个人见人爱、花见花开、车见车爆胎的姜 sir。

大家好，我就是那个负责问问题的小 Q 同学。

姜 sir：上节我们说到王守仁面临着去福建剿匪，还是去讨伐宁王的选择。小 Q，如果是你，你会怎么选择？

小 Q：我会去讨伐宁王，因为这件事情后果更严重。

姜 sir：王守仁明白，宁王一旦攻下南京，南方几乎就要被宁王控制了。然后以南京为根据地，不到半个月就能打到北京。这可是关系到国家安危的时刻。这个时候管不了那么多了，必须得去制止这件事。

小 Q：但王守仁没有兵权，怎么去打？宁王有 10 万人呢。

姜 sir：王守仁马上给各地发出公文，告诉大家宁王造反叛乱了，同时朝廷已经命自己去平定叛乱，大家只要接受他的安排就行了。

小Q： 朝廷真的派王守仁平定叛乱吗？

姜sir： 骗人的。事情都这么紧急了，哪儿管得了这么多，知行合一，想平定叛乱，就去想办法做。因为王守仁的名气很大，大家也没怀疑。这个时候，王守仁要和宁王打心理战，王守仁四处说皇帝已经知道这件事了，大部队奔着宁王来了。还说两广地区的40万军队正在赶来，要求各个地方的官员准备好接待工作，还专门写成公文，发往各地。

小Q： 但这些军队没有来啊。

姜sir： 这些公文的真正目的是打乱宁王的行军安排，给自己争取时间。同时，王守仁最担心的就是宁王直接攻打南京，所以他继续打心理战，给宁王的手下写信："你们在宁王身边做卧底做得很好，现在的任务是让宁王攻打南京，我在这里埋伏好，我们里应外合，消灭宁王。"这封信还故意让宁王看见。

小Q： 这宁王被王守仁耍得团团转呀。

姜sir： 所以宁王就没有直接进攻南京，而是进攻了安庆，安庆处在南昌跟南京之间，也非常重要。但宁王没打下来，因为安庆的杨锐也是个厉害人物。就在宁王攻打安庆的时候，王守仁的军队已经准备好了，但却没有支援安庆，而是去打了宁王的根据地南昌。这就是三十六计里的"围魏救赵"，打老家南昌，宁王肯定会回来救援，这样就相当于救了安庆。

小Q： 王守仁有多少士兵呢？

姜sir： 史书记载是3万，但真正能够上阵的只有1万多。

小Q： 那宁王的根据地南昌，能打下来吗？

姜sir： 王守仁很轻松就打下了南昌。当时宁王最好的选择其实是继续进攻安庆，或者进攻南京，但他偏偏选择了回来救南昌，这一切都是按照王守仁的剧本在进行。王守仁并没有守在南昌城等待朝廷的援军，而是在宁王回来的路线上设下埋伏。最后，宁王被王守仁活捉。王守仁只用了几十天就解决了这场叛乱。这时候，明武宗朱厚照还在带兵来的路上，听说叛乱解决了，竟然有点不高兴了。

小Q： 叛乱都平定了，不是应该很开心吗？

姜sir： 当时身边的人和朱厚照说："如今全天下人都知道您带着10万兵马御驾亲征，但却没用上。如果就这样回去，岂不是成了带着10万兵马外出游玩？"朱厚照一听："是呢，我还没开战呢，王守仁，你真是多余。"于是朱厚照做了一件正常人都不会干的事。

小Q： 他不会要处罚王守仁吧，那就太过分了。

姜sir： 朱厚照把宁王给放了，要求再战一场，亲手抓住宁王。怕王守仁影响自己，还给他升了官，调到了其他地方。最后朱厚照让人把宁王的枷锁打开，给宁王穿上盔甲，自己

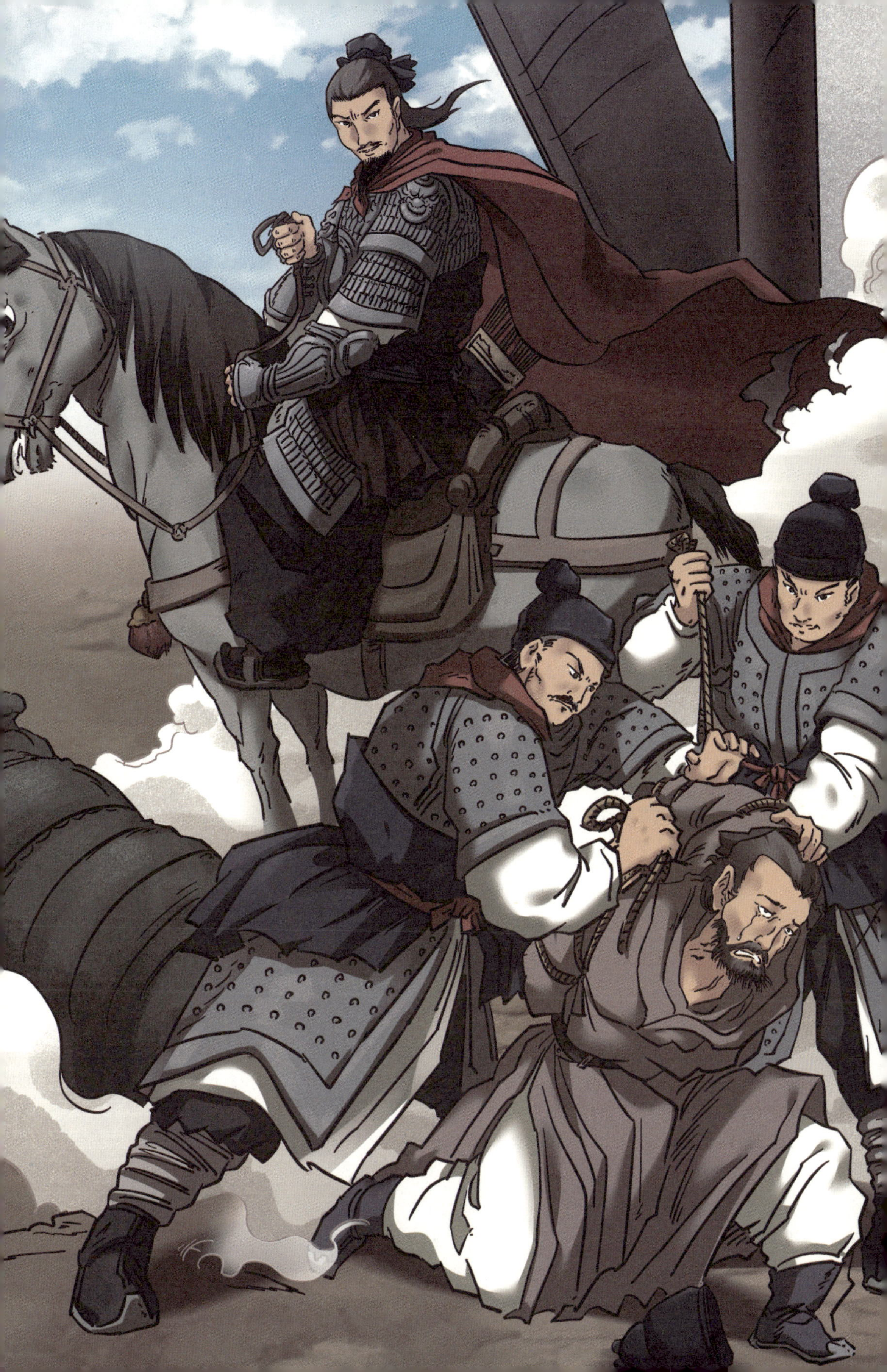

再带领士兵把宁王抓起来一回。

小Q： 这皇帝可真能折腾！

姜sir： 朱厚照当皇帝当得挺开心的，想怎么玩就怎么玩，但他没有儿子，也没有兄弟，30岁死了，临终前也没有留下传位遗诏。大臣们得赶紧选一个皇帝，而这个皇帝就是明世宗朱厚熜（cōng），年号"嘉靖"。在他统治期间，出现了一大批名人。在我们进入这段历史前，先来介绍嘉靖皇帝的一个爱好，就是喜欢猫。

小Q： 我也挺喜欢猫的，嘉靖皇帝是怎么喜欢猫的？

姜sir： 嘉靖皇帝和猫同吃同住，还赐给猫封号。比如有一只猫叫雪眉，这只猫去世之后，嘉靖皇帝十分伤心，几天几夜不吃不喝。还封它为"虬（qiú）龙"，还给猫举办了重大的封号仪式。

小Q： 那嘉靖皇帝是不是好皇帝呢？

姜sir： 嘉靖皇帝是昏君，还是明君呢？为什么刚当上皇帝就和大臣发生了冲突呢？我们下节见。

223 不上朝的嘉靖

各位同学，大家好，我就是那个人见人爱、花见花开、车见车爆胎的姜 sir。

大家好，我就是那个负责问问题的小 Q 同学。

姜 sir：嘉靖帝是明朝的第 11 位皇帝。后人评价他时，有说他是昏君，因为他长达二十多年不上朝；也有人说他智商高，表面上看不理朝政，实际却能将国家牢牢掌控在自己手里，天下没有发生大乱。

小 Q：二十多年不上朝？其中发生了什么？

姜 sir：嘉靖帝 14 岁当皇帝，刚一即位，就发生了"大礼议"事件，就是嘉靖帝一定要认亲生父母为父母，而大臣们非要他认亲生父母为叔叔婶婶。

小 Q：这有什么争的呢？当然是自己的爸爸妈妈是亲的了。

姜 sir：嘉靖帝是明武宗的堂弟，嘉靖帝觉得自己是以藩王身份继承皇位。按照规矩，不但他是皇帝，还要追封他的亲生爸爸当皇帝。但大臣认为，他是以明孝宗儿子的身份继承的皇位，并不是以藩王的身份继承的皇位。为了这件事，大臣们和嘉靖帝对抗了好几年，这一事件被史学家称为明朝历史的转折点。

小 Q：这件事还能影响到整个明朝？

姜 sir：在这场对抗中，大臣和皇帝的态度都很强硬，嘉靖帝甚至使出了"我辞职，不干这个皇帝"的招数。而嘉靖帝也发现了自己的力量不够，要扶持一批大臣支持自己，于是一批大臣借着支持皇帝的想法，获得了提拔。几年间，朝廷分成了两派：认爹派和不认爹派。

小 Q：这事也能有党派斗争啊？

姜 sir：所以就造成了大臣之间拉帮结派、相互攻击的风气。于是有史学家说："明朝非亡于崇祯，实亡于万历，始亡于嘉靖。"是嘉靖帝造成明朝最后的灭亡。

小 Q：那最后谁赢了？

姜 sir：嘉靖毕竟是皇帝，拥有着至高无上的权力。1524年，四朝元老杨廷和主动告老还乡，嘉靖帝顺水推舟就同意了。但杨廷和的儿子，被称为"明朝三才子"之一的杨慎却卷入了这场认爹风暴。当时杨慎和两百多位大臣集体跪在皇宫门外，想用这种方式唤醒嘉靖帝。而嘉靖帝当场打死16人，36岁的杨慎也被发配边疆。

小Q：三才子都有谁？

姜sir："明朝三才子"是解缙（jìn）、杨慎和徐渭。解缙被称为博学第一，《永乐大典》就是他带人编写的；徐渭是最多才的一位——诗、书、画、兵法样样精通；杨慎被称为博览第一，人称"无书不读"。杨慎发配后的生活还算自由，结交了一批好友，写了很多作品，比如名气很大的《临江仙·滚滚长江东逝水》："滚滚长江东逝水，浪花淘尽英雄。是非成败转头空。青山依旧在，几度夕阳红。"

小Q："大礼议"事件还成就了一个文人。

姜sir：嘉靖帝通过这次"大礼议"斗争，加强了皇权，从此再也没人能威胁到他的地位。嘉靖帝在刚当皇帝的这段时间，施行了一些有利于稳定生产、军队、朝政的政策，取得了极大的成效，因此也被称为"嘉靖新政"。但后来，嘉靖帝开始崇尚道教，沉迷于炼制长生不老药，二十多年再也没有上过朝。国家大事都交给首辅严嵩进行管理。

小Q：严嵩是好官吗？

姜sir：在严嵩当权的日子里，他贪污受贿，扰乱朝政。光是记录严嵩贪污的账本，就写成了一本书——《天水冰山录》，被称为"最无聊的书"。书的第一页，简单介绍了严嵩

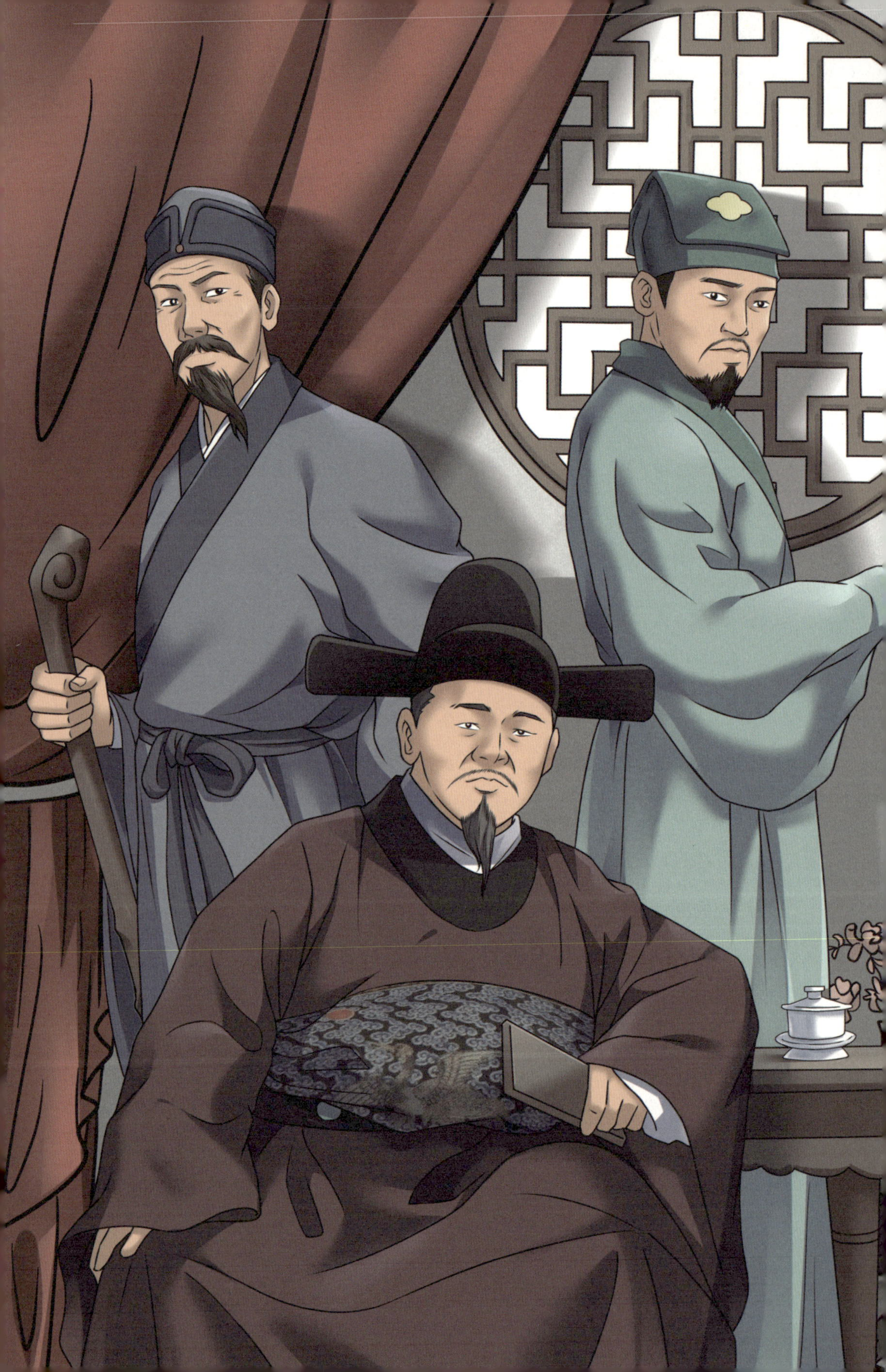

被抄家的原因，之后的内容，竟然全部都是金银财宝的名称。

小Q：那当时就没有清官吗？

姜sir：嘉靖时期有一分钱都不贪污的大清官海瑞。海瑞当官时，饭桌上的蔬菜都是自己种的，酒肉之类的，极少食用。给母亲过生日，买了两斤猪肉，大家都当成了奇闻："你知道吗，海瑞竟然买肉了，一次买了两斤呢。"

小Q：但国家就需要这样的官员多一些。

姜sir：海瑞不仅是个清官，还敢说。1566年，写奏折大骂嘉靖帝。大概意思是您刚当皇帝的时候还干过一些好事，可看看现在，不管百姓、不理朝政，越来越不像话了。您修道不就想长生不老吗？可教您修仙的道士都死了，您觉得您能长生不老吗？您不是一向自认为看人很准吗？严嵩就是你重用的，后来不也证明他是个奸臣吗？其中最难听的是这两句："嘉靖者，言家家皆净而无财用也。"意思是你这个年号嘉靖，就是家家净的意思，有了您做皇帝，老百姓都成穷光蛋了。"天下人不直陛下久矣。"天底下的人早就看您不顺眼了。

小Q：骂得真痛快！但嘉靖帝会不会杀了海瑞？

姜sir：海瑞早就准备好了后事，等着皇帝杀呢。但嘉靖只是把海瑞关进了监狱。几个月后，海瑞却听到了一个震惊的消息，是什么呢？我们下节见。

224 给大海加把锁

各位同学,大家好,我就是那个人见人爱、花见花开、车见车爆胎的姜 sir。

大家好,我就是那个负责问问题的小 Q 同学。

姜 sir:上节我们说到海瑞因大骂皇帝入狱,几个月后,海瑞听到了一个消息,整整哭了一整夜。

小 Q:什么事情打击这么大?

姜 sir:嘉靖帝去世了。

小 Q:那海瑞怎么这么伤心呢?他不是骂嘉靖帝吗?

姜 sir:海瑞骂皇帝是为了国家。他内心深处是忠于明朝的,只是恨铁不成钢。海瑞在新皇帝即位当天被释放,还官复原职。

小 Q:新皇帝是谁?

姜sir：新皇帝是一个被后世把名字写错的皇帝——明穆宗朱载坖（jì）。明朝晚期《皇明大政记》中误将"朱载坖"写为"朱载垕（hòu）"。清朝写《明史》时以此为依据，结果《明史》中的朱载坖也写成了朱载垕，很多资料也都用了朱载垕。

小Q：这也太没有存在感了。

姜sir：但明穆宗可是在史书中评价很高的皇帝哟！他继位后制定了一系列治国新政，包含政治、经济、军事、外交、农业等方方面面，史称"隆庆新政"，其中就有非常重要的一条，就是废除海禁的"隆庆开关"。

小Q：什么是海禁？是不让出海吗？

姜sir：朱元璋刚刚建立明朝的时候，方国珍、张士诚残余势力逃亡出海，不断在沿海地区制造战乱。更为严重的是，在日本国内战争中失败的武士，以及商人，从元朝末期开始，就在中国沿海骚扰抢劫，被称为"倭寇"。于是朱元璋一方面加强海军建设，另一方面实行海禁。别说船了，一片木板都不得下海，禁止老百姓私自出海，让这群海盗没办法得到陆地上的资源支持。

小Q：可后来郑和下西洋了呀。

姜sir：禁海并不是和其他国家不联系，官方还是可以联系的。到了明仁宗、明宣宗时期，对海禁也就不再看得那么紧了，很多民间百姓也可以出海。明武宗朱厚照时期，对东

1343

南亚的海禁放开了，不过对日本仍然禁止民间私贸。

小Q：为什么针对日本不开放呢？

姜sir：因为日本当时处于战乱时期，来的是商人还是海盗没有办法去判断。到了嘉靖时期，由于特殊事件，整个明朝再次实行了严格的海禁。

小Q：什么特殊事件？

姜sir：是和日本有关的"争贡之役"。最初明朝皇帝为了防止日本侵扰东南沿海地区，就决定找日本的大家长，好好管管你家孩子。但没想到，倭寇根本不听日本官方的。但这样明朝和日本的官方就建立了联系，日本官方开心啊，因为可以"朝贡"，说白了就是周边藩属国向明朝进贡物品，而大明则以"国赐"形式回酬外商所需的中国物品。日本使团每次访问明朝时，都可以确保货物有4～5倍的利润，所以日本的各方势力都争先恐后来中国。但有一次，一下来了两个使团，一伙儿拿着明朝颁发的证件，一伙儿拿着一张过期的证件。

小Q：那过期的肯定是违法的。

姜sir：过期证件虽然不行，但带队的是中国人宋素卿，他对明朝很熟悉，知道怎么去买通一些官员。所以在他的各种打点下，明朝官员先去验收了他这艘船的货物，并且在欢迎晚宴上，他们的待遇竟然比有合格证件的要高。这让拿着

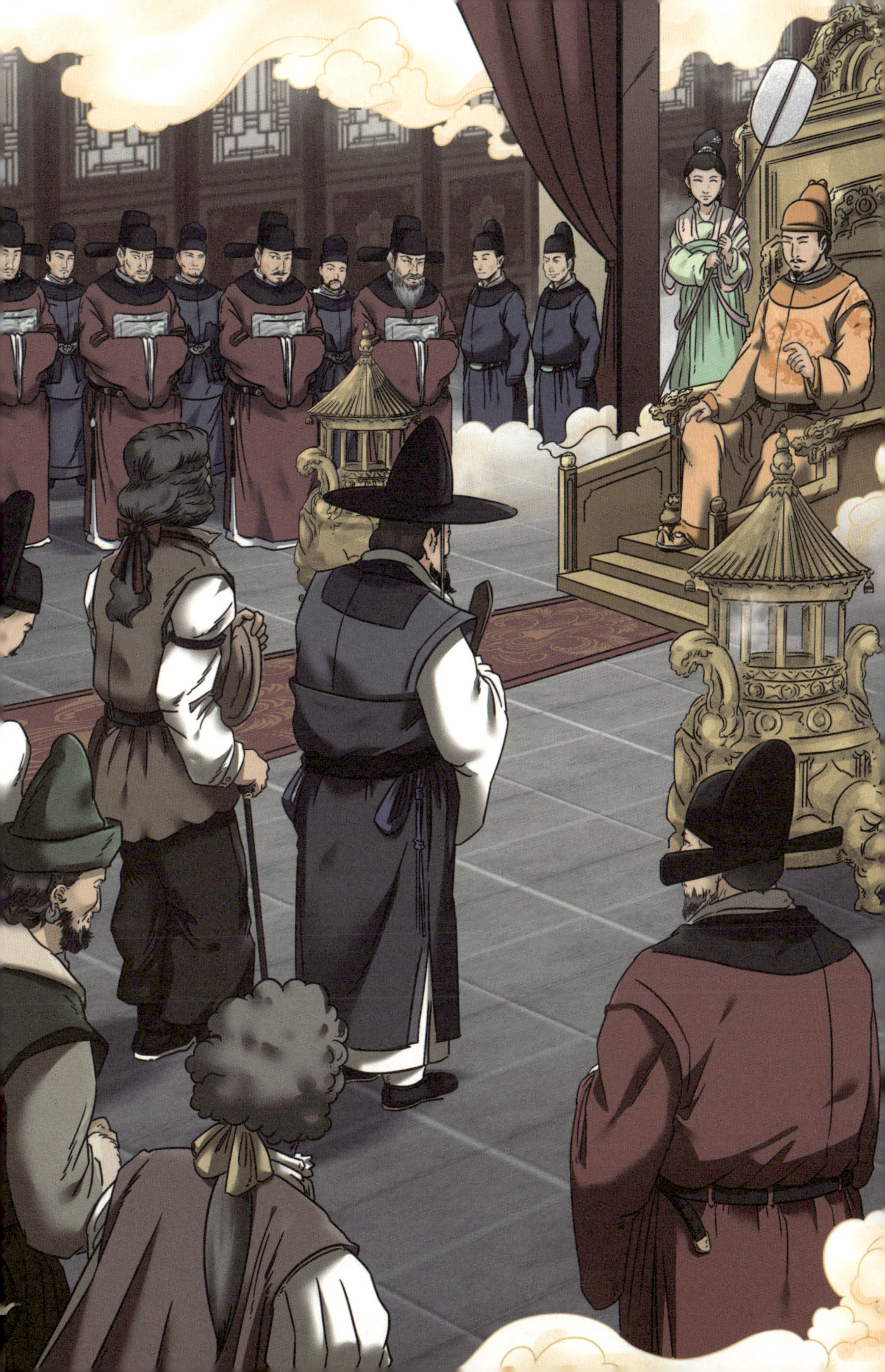

合格证件的日本使团觉得受到了屈辱,于是两伙儿使团打起来了。

小Q:这让明朝怎么拉架呢?这也真是外交上的奇闻。

姜sir:问题是宋素卿跑了,另一伙儿就开始追。最初的时候,明朝的军队也没觉得有什么,毕竟是人家日本使团的事情。可没想到,这宋素卿是真能跑啊,从宁波跑到了绍兴,而另一伙儿还在追。明朝军队就不让了,哪有你们在我们国家这么打的?

小Q:在我们的地盘,就得遵守我们的法律。

姜sir:但没想到的是,常年以防备倭寇为职责的明朝官军,竟然被缺乏武装的使团打得一败涂地。因此,嘉靖年间,海禁政策再次严格起来。

小Q:明朝军队这次的表现可真差,这以后倭寇更敢骚扰明朝边境了。

姜sir:"争贡之役"发生在1523年,5年后,一位抗倭名将、民族英雄出生了。此人被倭寇称为"老虎",倭寇只要听见他的名字都会害怕。他是谁呢?我们下节见。

225 南击倭寇，北虏寇边

各位同学，大家好，我就是那个人见人爱、花见花开、车见车爆胎的姜 sir。

大家好，我就是那个负责问问题的小 Q 同学。

姜 sir：上节我们提到了一位令倭寇闻风丧胆的抗倭名将，这个人抗击倭寇 10 年，保护了明朝的东南沿海地区。后来又守卫北方，抵抗游牧民族的侵犯。他就是"南击倭寇，北虏寇边"的戚继光。

小 Q：南北都能打，这么厉害！

姜 sir：戚继光的祖先在朱元璋时期战死沙场，于是朱元璋就赐予了他的后代可以世袭官职。戚继光的爸爸给儿子取名为"继光"，意思是继承祖业，发扬光大。1544 年，16 岁的戚继光继承了他父亲的职位，开始了军旅生涯。同时写下了"封侯非我愿，但愿海波平"，意思是我打仗不是为了封侯拜相，而是要让祖国和平安定。

小Q：这一听就是个好将军。

姜sir：1553年，戚继光受张居正的推荐，开始防御山东沿海的倭寇。此后的十余年间，从山东、南直隶、浙江、福建，再到广东，哪里有倭寇出现，哪里就有戚继光的身影。后来戚继光到浙江赴任后，组建了一支精锐的部队"戚家军"，被称为"16至17世纪东亚最强军队"。

小Q：战斗力这么强大？

姜sir："戚家军"是戚继光在明朝传统军队无法有效打击倭寇入侵的情况下，不得不做出的军事改革。在戚继光的著作《纪效新书》中，我们可以看出戚家军的几个特点：首先士兵是以憨厚、朴实的义乌矿工和浙江农民为重要力量。其次以鸳鸯阵法为主。鸳鸯阵第一次运用到战场上，倭寇死伤二百多人，戚家军除一人轻伤外，毫无损失。

小Q：这是个什么阵法？这么厉害。

姜sir：这是一个近身格斗阵法。鸳鸯阵由11个人组成，11个人用不同的兵器，发挥不同的作用，相互配合。这11个人中，有一个是队长，站在队伍的前列中央，负责观察敌情，发出命令。其余10个人排成两列纵队，站在他的身后。两名持有标枪的盾牌兵，他们用盾牌掩护自己和后面的战友。

小Q：这太需要配合默契了。

姜sir：戚继光的军法非常严格，同时赏罚原则并不完全取决于战斗的胜负。即使大败，有功者也会赏；即使大胜，作战不力和临阵脱逃的士兵也会受到处罚。

小Q：我感觉看到了当年岳家军的影子。

姜sir：戚家军非常地厉害，往往能够以少胜多，歼灭倭寇数千，自身伤亡很少。就比如牛田之战，戚家军没有牺牲一人，但却解救了百姓上千，击溃倭寇数千，所以戚继光被倭寇称为"戚老虎"。后来，在戚继光的打击下，东海沿海的倭寇被歼灭殆尽。之后，戚继光被调往北方，从山海关到北京，军政事务统归其负责。在此期间，戚继光做了两件大事：练兵、修长城。

小Q：北方的游牧民族和倭寇应该是两种打法。

姜sir：1550年，22岁的戚继光入京参加武举会试，恰逢"庚戌之变"，蒙古人兵临城下。这段耻辱令戚继光始终难以忘怀。

小Q：什么是"庚戌之变"？

姜sir：当年，蒙古土默特部首领俺答汗多次向明朝提出请求，开放贸易通商，但是遭到了拒绝。此后，俺答屡屡出兵，骚扰明朝边境，最严重的一次，是在1550年，俺答烧杀抢掠，仅仅一个月，太原以南的数十州县，就惨遭掳掠牛、马、羊、猪两百万头，布匹、金钱、百姓更是数不胜数。当时之世，嘉靖皇帝沉迷修道,不理朝政。朝政全被严嵩处理把持,国家吏治一塌糊涂。多次抢掠,畅通无阻,俺答发现,明朝似乎没有想象中那么强大,于是他决定进攻北京。因这一年是农历庚戌年,史称"庚戌之变"。俺答顺利地攻破了蓟(jì)州,从昌平到密云,再到怀柔,一路烧杀抢掠,畅行无阻,而明军并未做出任何抵抗。

小Q:为什么不抵抗呢?

姜sir:因为严嵩不让进攻,一旦战败,嘉靖帝一定会知道。而嘉靖帝知道就会发脾气,到时候谁都吃不了兜着走,所以干脆让对方抢够了就走吧。

小Q:太丢人了!

姜sir:明朝的北方自"庚戌之变"后安定了多年,主要原因在于明朝恢复了和蒙古人的边境贸易。然而贸易的不公平以及开放后很快又被中断,包括游牧民族的生活方式、气候等方面的原因,蒙古人又开始对内地进行掠夺。所以在戚继光调往北方后,他就在思考如何才能做到一劳永逸呢?于是决定修长城,因为修长城是中原王朝抵御北方游牧民族最常见的办法,现在北京八达岭、慕田峪、司马台、古北口,以及天津黄崖关,河北山海关附近的老龙头、角山等地方的长城,都是经戚继光改进之后留下来的。同时戚继光发现长城与大海的接合处,敌人很容易乘虚而入,于是决定将长城

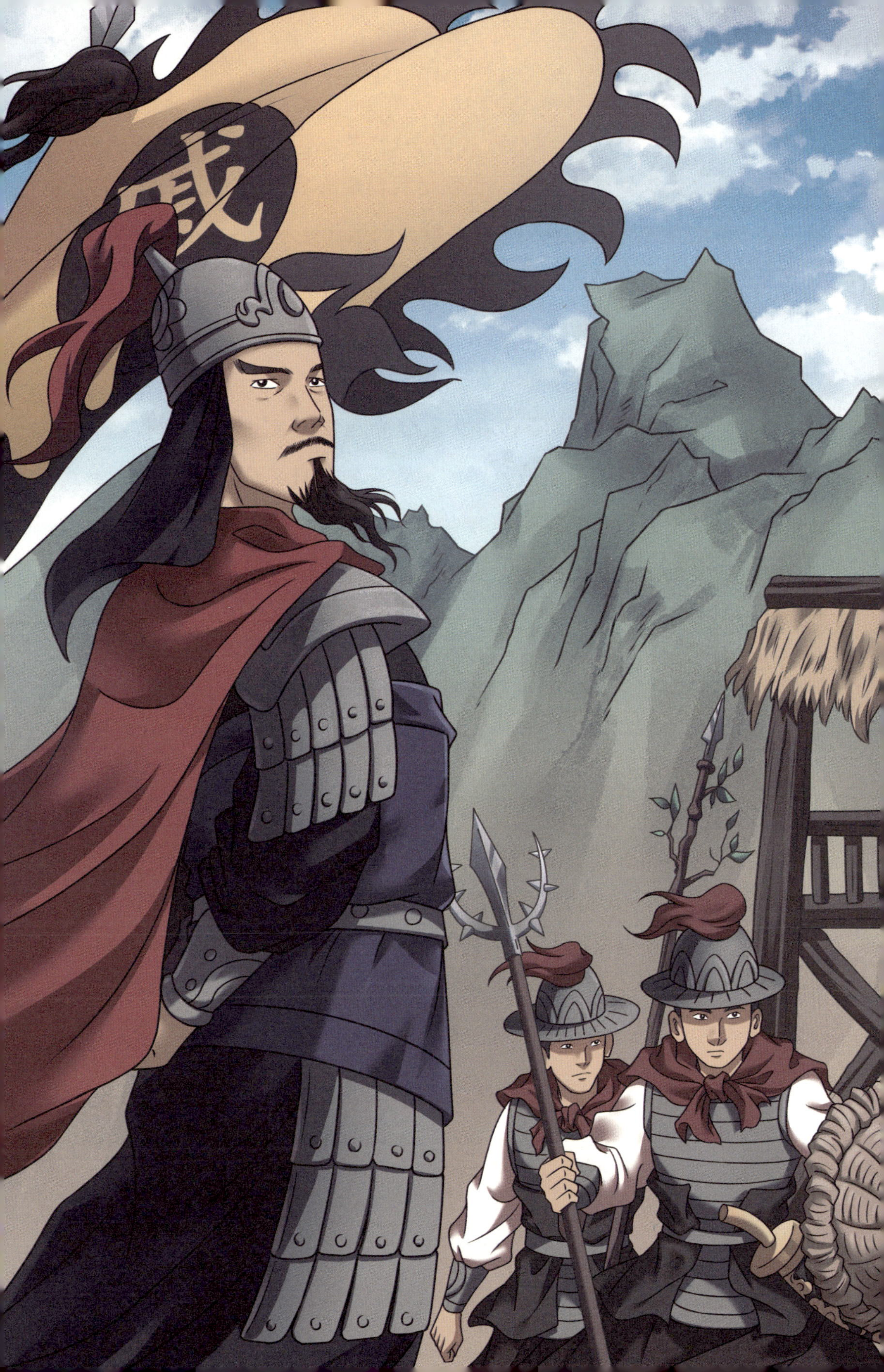
戚

一直延长到大海深处，也就是我们今天看到的河北省秦皇岛市山海关区的老龙头。在戚继光调到北方不到3年的时间里，明朝北部的敌人、蒙古贵族俺答汗就放弃了敌对态度，表示永远不再南下骚扰。

小Q：戚继光和戚家军太厉害了。

姜sir：大败倭寇后，戚继光在庆功宴上唱了一首歌，而这首歌也就成了戚家军的军歌，名字叫《凯歌》："万人一心兮，群山可撼。惟忠与义兮，气冲斗牛。主将亲我兮，胜如父母。干犯军法兮，身不自由。号令明兮，赏罚信。赴水火兮，敢迟留！上报天子兮，下救黔首。杀尽倭奴兮，觅个封侯。"

小Q：听着太有气势了，有了戚继光这样的人才，当时的明朝一定很强大。

姜sir：嘉靖帝二十多年不上朝，好不容易盼来位好皇帝明穆宗，但当了6年就去世了。而下一位皇帝9岁就继位了，9岁的孩子能当好皇帝吗？谁来帮他呢？我们下节见。

226 又来一个不上朝的

各位同学,大家好,我就是那个人见人爱、花见花开、车见车爆胎的姜 sir。

大家好,我就是那个负责问问题的小 Q 同学。

姜 sir：明穆宗 35 岁就去世了，于是 9 岁的太子朱翊钧继位，年号"万历"，后人也称他为万历皇帝。当皇帝 49 年，是明朝在位时间最长的皇帝。

小 Q：9 岁怎么管理国家呢？不会又是宦官或者太后吧？

姜 sir：明穆宗也意识到太子还没有能力掌管国家，因此在自己病情很严重的时候，就写下了遗诏，要万历皇帝以学习为主，并且安排了张居正、高拱、高仪三位大臣去辅佐年龄还小的万历皇帝。在太后的支持下，张居正就成了万历皇帝的老师以及明朝实际的管理者。张居正是一个负责的好老师，专门给万历皇帝编写了一本教科书《帝鉴图说》，书里面收集了23位古代帝王的81件好事、36件坏事。同时为了让小皇帝能读下去，每件事还配上了插图，整部教材有正例，也有反例，而且配有各种图画，寓教于乐，深入浅出，面面俱到。但万历皇帝登基的时候，明朝建国已两百多年了，经过爷爷嘉靖帝的长期折腾，已经出现亡国的征兆了。

小Q：什么是亡国征兆？

姜sir：一般来说就是内忧外患，多指国内不安定和外敌侵略。外患虽然已经基本平定，但北面的危险还在；内忧就更严重了，官员贪污腐败，国库每年收的钱根本不够花。所以张居正进行了一系列大胆的改革，这就是历史上著名的"张居正改革"，又称"万历新政"。其中最主要的就是"一条鞭法"，是中国税收史上重要的改革。

小Q：这么重要？到底改了什么？

姜sir：就是让国家收税这事变得简单起来，原来的粮食、布匹、土特产一概不收，只收银子。

小Q：交东西和交银子有什么区别呢？

姜sir：原来税收的样式特别多，土地税、人口税、劳役等，现在改了，都统一收银子了。

小Q：就是为了省事吗？

姜sir：首先老百姓肯定是要交税的，但"一条鞭法"前，大家交的是东西，比如苹果、粮食。有的官员就动了歪心思，你交100个苹果，我说有的苹果小，所以得交150个。其中50个就贪污了。

小Q：那不会统一说收多少斤吗？

姜sir：统一交100斤，我现在觉得你的苹果有点不新鲜、不够甜，你还得补交50斤，我也可以贪污。

小Q：我明白了，"一条鞭法"规定好银子数量，这些官员就没办法贪污了。

姜sir：同时原来很多特产都当作税收交给了国家，国家收了一堆棉花、苹果，怎么办？只能给一些官员当作工资发了，但谁愿意发工资的时候拿一堆土特产回家？所以"一条鞭法"就是"不让中间商赚差价"。

小Q：这个方法好，老百姓、国家都不受损，还打击了贪官。

姜sir：张居正还有一项厉害的措施就是考成法。淘汰了全国上下30%的官员，用现在的话说就是绩效考核。每年年初，作为官员，就要把这一年要完成的任务写清楚，自己留一份，张居正那儿留一份，如果一年没完成，不好意思，被贬官甚至有可能直接回家。

小Q：怎么和妈妈给我制订的学习计划很像呢。

姜sir：同时张居正还把戚继光调到了北方。在张居正的改革下,明朝恢复了生机。张居正和商鞅、王安石,被人称为"中

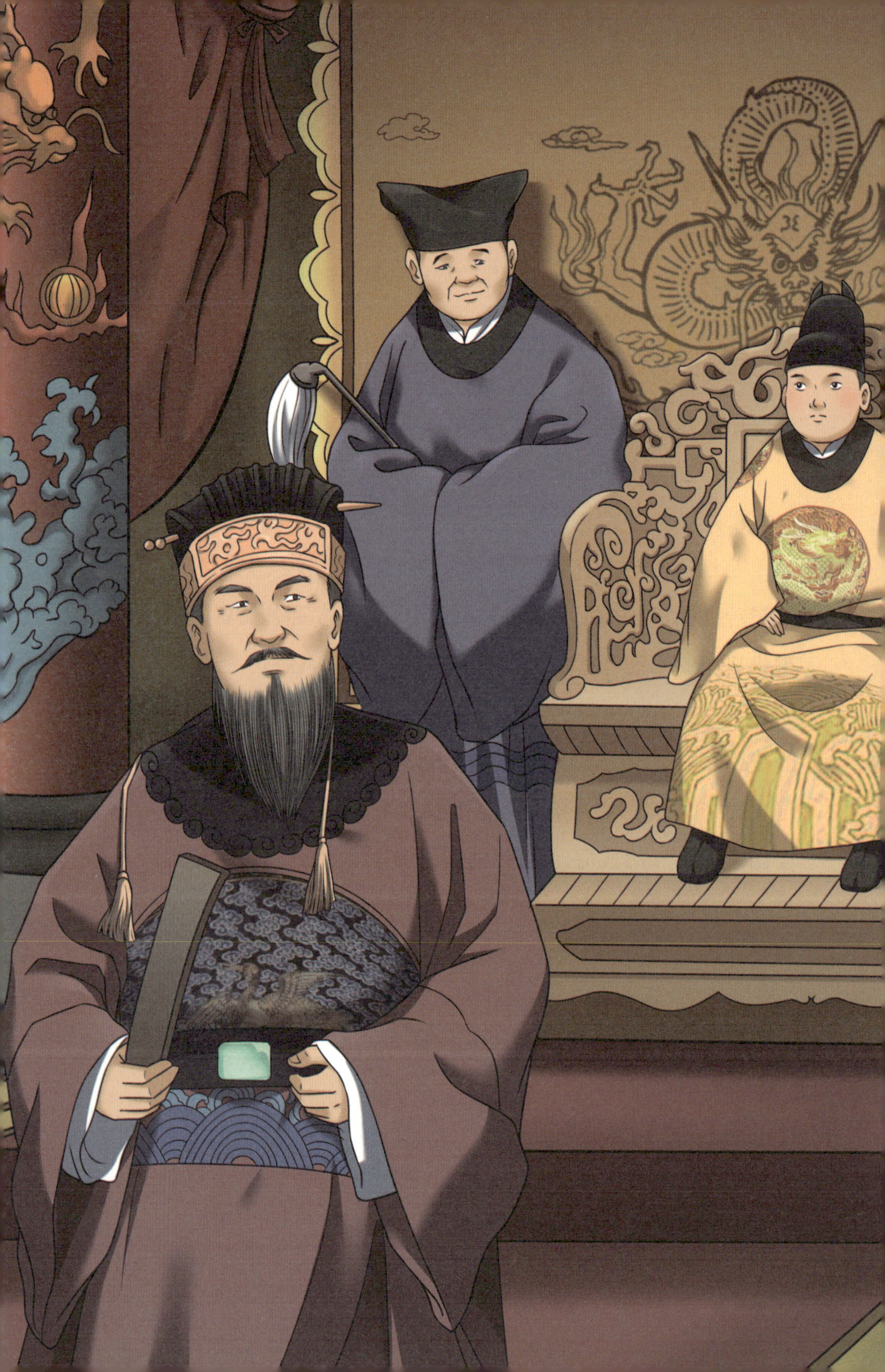

国古代三大改革家"。但只要是改革，就一定会触及很多人的利益。1582年，张居正去世，反对派立即疯狂地攻击张居正改革。最终，张居正的家属惨遭迫害，改革措施也遭到破坏，刚刚有一点转机的明朝又开始走下坡路。

小Q：历史上的改革真是不容易。

姜sir：1587年，从这一年开始，万历皇帝再也没上过朝，直到大臣们强烈要求见皇帝一面，终于在1615年见上了一次，等于说万历不上朝时间长达28年之久。

小Q：为什么不上朝啊？不会也是修仙去了吧？

姜sir：万历帝身体不太好，经常生病，21岁就开始安排人员修建自己的皇陵了。1958年挖开万历皇帝的陵墓时，通过对万历皇帝骨架的研究发现，万历皇帝身高在1.64米左右，不仅患有严重的牙病，他的右腿明显比左腿短，这也与史书上记载的他是一位有点瘸腿的矮胖子相符。

小Q：他不上朝怎么治理国家呢？又没有宰相。

姜sir：朱元璋废除了宰相。可朱棣不想那么辛苦，但又怕宰相权力过大，于是他设置了内阁制度，简单理解就是成立一个智囊团，专门给他出主意。任何事情来了，内阁先想办法，然后选择最佳方案让皇帝来定夺。所以嘉靖帝和万历帝都可以控制国家，同时别忘了，明朝还有特务机构锦衣卫呢。但是嘉靖帝和万历帝总共在位九十几年，几乎都不上朝，也让明朝失去了动力和活力。接下来明朝会如何一步步走向衰落呢？我们下节见。

227 就爱木匠活儿

各位同学,大家好,我就是那个人见人爱、花见花开、车见车爆胎的姜 sir。

大家好,我就是那个负责问问题的小 Q 同学。

姜 sir:万历皇帝去世后,传位给了明光宗朱常洛,但他当了一个月皇帝就去世了。于是明光宗的长子朱由校继承了皇位,也就是历史上著名的"木匠皇帝"。

小 Q:"木匠皇帝"?这是个什么称号?

姜 sir:明熹宗朱由校之所以被人称为"木匠皇帝",是因为他在治国方面普普通通,但人家就是喜欢木匠活儿。他在位期间从来不看重权力,而是关注木工活儿。据说当时很少有木匠能比得过他。

小 Q:五代十国有个李煜,宋朝有个宋徽宗,这明朝又来了一个。

姜 sir：明熹宗基本上是一个兼职皇帝，人家的主业是木匠，有时甚至不想做皇帝了，一心一意就想做个好木匠。整天就和斧子、锯子、刨子打交道。《明史》记载，明朝时期制作的木床很笨重，样式普通，使用的木料也多，导致人们搬不动。明熹宗一看，决定亲自来。从设计到制作，一钉一木都亲自动手，用了一年时间，改造出了一张不但移动方便，而且美观大方，还有花式雕纹的床。那可是皇帝纯手工制作呀。

明熹宗还善用木材做小玩具，他做的小木人，逼真极了。他还偷偷派人拿去集市上卖，但不让说是皇帝做的。大家都抢着买，明熹宗一听说受欢迎，更高兴了，熬夜制作。

小 Q：要是能把这精力放到治国上该多好，那谁替他治理国家呢？

姜 sir：就全权交给宦官魏忠贤打理了。1624 年到 1627 年，在魏忠贤最得势的 3 年里，朝廷内外，人们都称魏忠贤为"九千岁"，出现了人们"只知有忠贤，而不知有皇上"的局面。可见魏忠贤的权力有多大。

小 Q：宦官问题真的是历朝历代的大问题。

姜 sir：历史上经历过三次最黑暗的宦官时代：第一次是在东汉末期，第二次是在唐朝后期，第三次就是在明朝。而最戏剧的一幕是，朱元璋知道宦官的危害，明确表明"内臣不得干预政事，犯者斩"。但最终的结果恰恰是明朝成为中国历史上宦官最有权势的时代，甚至有人开玩笑称明朝是"最大的宦官帝国"。

小Q：朱元璋都严格要求了，后面为什么还会发生呢？

姜sir：朱棣当皇帝的时候，不再警惕宦官，而是开始把宦官当成自己人，当作控制朝中大臣的一股重要力量。比如郑和就是个宦官。到了明宣宗朱瞻基的时候，在皇宫中设立"内书堂"，就是宦官学校，教书的很多都是著名的学者、文人。学习的内容有：《百家姓》《千字文》《千家诗》《诗经》等，还有儒家的四书。很多宦官还自备教材，像《大学衍义》《贞观政要》等书籍进行自学。

小Q：学知识是好事，可一旦让那些有坏心思的宦官学会了知识，以后更得干涉朝政了。

姜sir：等到了著名的"土木堡之变"的时候，宦官王振已经开始指挥军队了。而明朝宦官的势力逐渐形成一个集团，是从明宪宗朱见深统治时期开始的。朱见深宠信的宦官汪直，获得了军政大权，当时发生了一件"假汪直案件"：江西有个叫杨福的人，杨福以前在王府当仆人，被一个人说他长得很像汪直。杨福心想，反正下面的那些官员也没有几个真正见过汪直究竟长什么样的，他正好可以假装汪直。于是杨福打着汪直的名号开始南下，一路巡视下来，从浙江到福建，沿

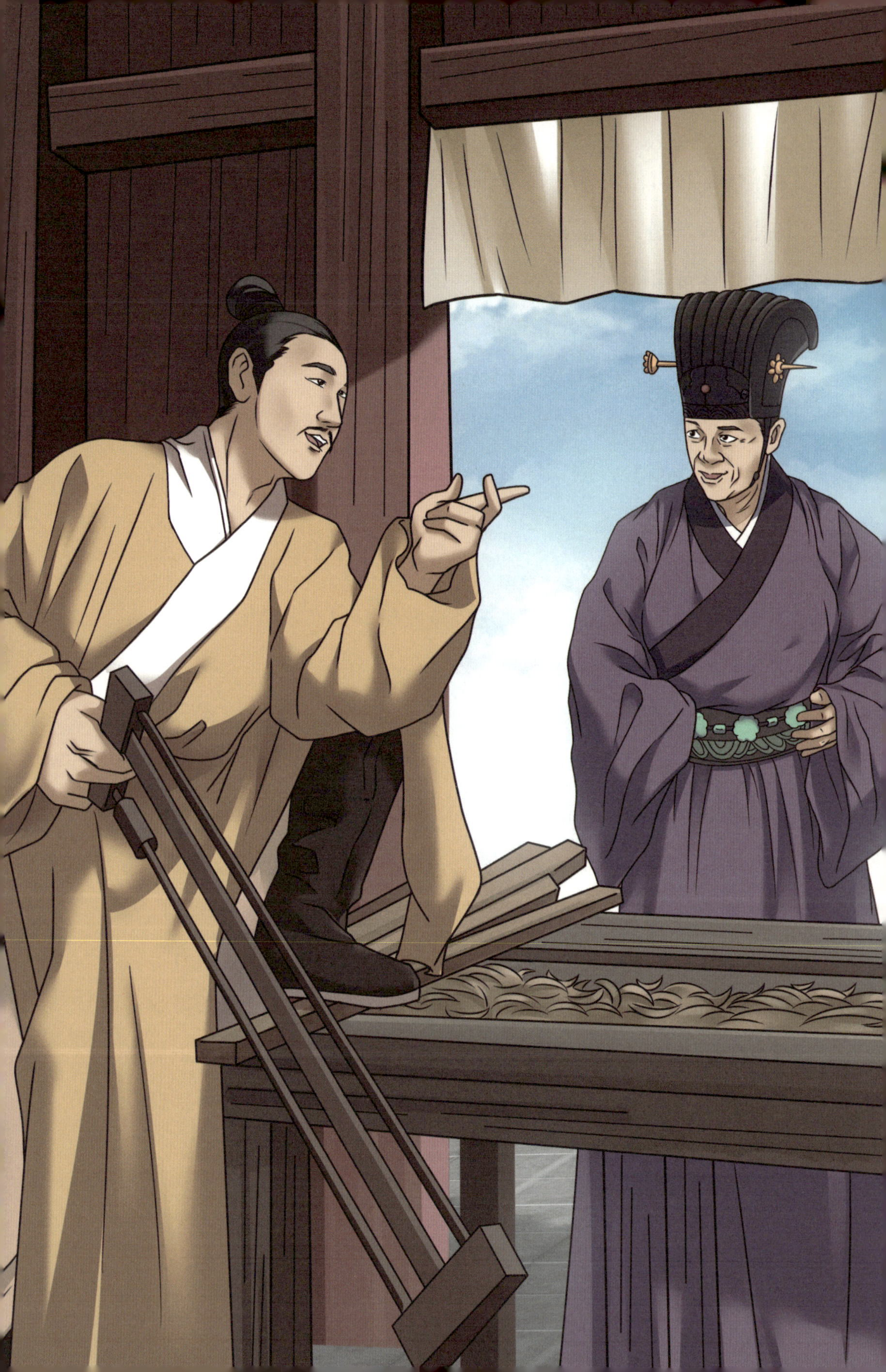

途大大小小的官员听说汪直来了，对他小心孝敬。一路下来，杨福收了不少钱财，直到被发现。

小Q：但这件事正说明了当时真正的汪直权力有多大。

姜sir：明武宗朱厚照收到一封揭发宦官刘瑾种种罪行的信，皇帝竟把这封信转交给了刘瑾。刘瑾一怒之下，竟命令官员们跪下，然后去查是谁举报的他。

小Q：我的天啊，一个仆人级别的宦官，竟然在明朝能让大臣跪下！

姜sir：到了魏忠贤这里，就是整个明朝宦官发展的巅峰。朝中官员争先恐后地抢着给魏忠贤当干儿子，后来想当干儿子的太多，魏忠贤决定排辈，干儿子当不了可以当干孙子。

小Q：太可怕了。朱元璋要知道明朝宦官这么严重，估计能气死。

姜sir：所以从木匠皇帝这里，明朝要走向衰败了。因为北方崛起了一股新的势力，是谁呢？我们下节见。

228 谁建的沈阳故宫？

各位同学，大家好，我就是那个人见人爱、花见花开、车见车爆胎的姜 sir。

大家好，我就是那个负责问问题的小 Q 同学。

姜 sir：金庸先生曾经在《袁崇焕评传》中有过这样的评价："（明朝）所面对的敌人，却是自成吉思汗以来，四百多年中全世界罕见的军事天才努尔哈赤。这个用兵如神的统帅，传下了严密的军事制度和纪律，使得他手下那批战士，此后两百年间在全世界所向无敌。铁骑奔驰于北陲大漠、南疆高原、扩土万里，的的确确是威行绝域，震慑四邻。"

小 Q：这人是谁啊，这么厉害？

姜 sir：他就是努尔哈赤。努尔哈赤出生于今天的辽宁省抚顺市新宾县。当时的女真族分成很多部落，明朝对付女真族的方式就是维持各个部落之间的势力平衡，防止任何一个部落过于强大。

小Q：我怎么感觉努尔哈赤的经历会和成吉思汗当年很像呢。

姜sir：当时有人联合蒙古部落，想抢夺辽河一带。图伦城主知道后，立刻报告给了明朝的辽东总兵李成梁。李成梁在图伦城主的带领之下攻破古勒城。就在攻打古勒城的过程中，努尔哈赤的祖父和父亲正在城里劝对方投降，却没想到被一起给杀了。

小Q：啊？这是误杀呀，努尔哈赤肯定要报仇的。

姜sir：努尔哈赤决定向图伦城主发动战争。复仇成功后，努尔哈赤成了建州女真的首领。

小Q：为什么不找明朝报仇呢？

姜sir：实力不允许啊，努尔哈赤也知道，所以和明朝的这笔账就先记在心里了，努尔哈赤以13副铠甲起兵，拉开了统一女真部落的序幕。当时女真的部落里面，实力更强的是哈达部和叶赫部，为了更好地发展，努尔哈赤就和叶赫、哈达两部落通婚。比如努尔哈赤的第八个儿子皇太极的亲生母亲，就是叶赫部的人，也就是著名的叶赫那拉氏。

小Q：结局我都能猜到，努尔哈赤肯定统一了女真族，然后向明朝复仇。

姜 sir：努尔哈赤在自己手中的军队达到一定规模后，就思考如何指挥这些部队。他觉得用军旗颜色区分是最方便的，于是努尔哈赤就用各种颜色作为各军的军旗，方便平时的军事训练和战场上的快速指挥。最初是正黄、正白、正蓝、正红四旗。后来，随着努尔哈赤的军队规模越来越壮大，于是他又在四旗的基础上增加了镶黄、镶白、镶蓝、镶红四旗。

小 Q：合起来就是八旗了。

姜 sir：这就是著名的八旗制度。红色代表太阳，黄色代表土地，白色代表水，蓝色代表天，意思是女真人靠天靠地，有水有日，就能发迹。努尔哈赤早期的八旗军每一旗也才 7500 人。

小 Q：7500 乘以 8 才 6 万人，能打得过明朝军队吗？

姜 sir：其实都不到 6 万。1644 年清军入关时，据史料记载，当时八旗军的总兵力不到 6 万人，但是千万不要小看这区区不到 6 万的八旗军，他们一个个可都是擅长骑射的精兵良将！

小 Q：这和当年蒙古骑兵的发展轨迹太像了！

姜 sir：八旗军崛起后实行了很严密的军事化管理，每一旗都有自己的最高统帅，就是旗主。旗主的权力很大：他们拥有可以决定旗中所有人员的"生杀大权"。但后来清朝的顺治皇帝将旗主的权力架空，旗主变成只是名义上的最高统领，却没有实权。清军入关前，正黄旗、镶黄旗和正蓝旗由努尔

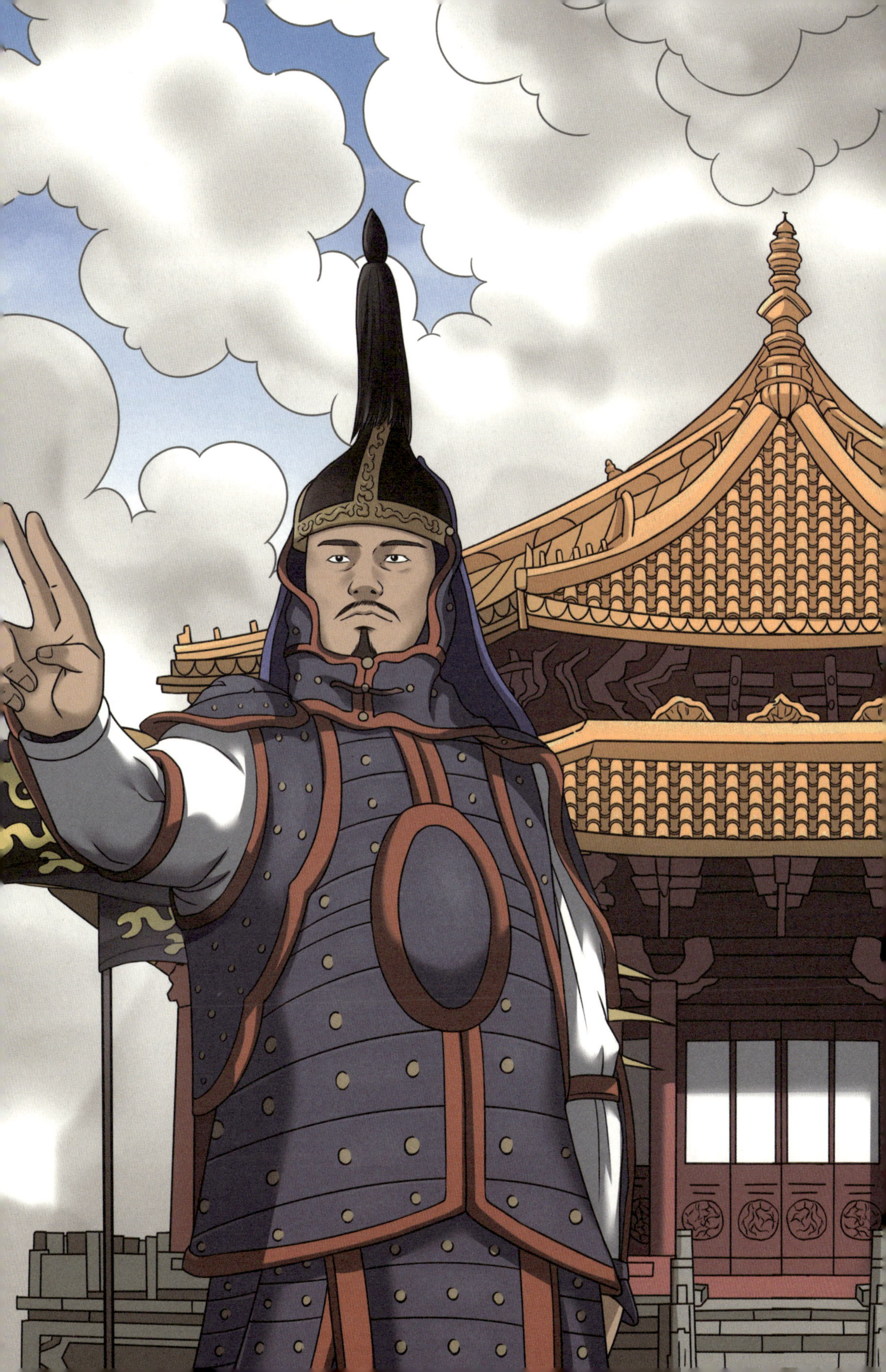

哈赤的儿子皇太极亲自统领，相当于努尔哈赤的贴身近卫军，身份高贵并且待遇优厚，称为"上三旗"。而剩下的五旗，称为"下五旗"，官兵身份和待遇要比"上三旗"低一个档次。

小Q：那努尔哈赤实力变强了，会不会向明朝进攻？

姜sir：1616年，努尔哈赤建国大金，史称"后金"。1618年，宣布了和明朝的七大恨檄文。1619年，明朝派军队讨伐努尔哈赤。萨尔浒之战，努尔哈赤大败明军，此战让明清攻守局势发生改变，是明清兴亡史上的一次具有决定性意义的战争，更是以少胜多的经典战役。在这场战役中，努尔哈赤的军事才能展现得淋漓尽致。这场战役获胜后，努尔哈赤在开原之战、广宁之战等战役中继续大胜明军，俘虏无数，辽东大部分地区落入努尔哈赤之手。1625年，努尔哈赤迁都沈阳。

小Q：沈阳有个故宫，是不是就是努尔哈赤建的？

姜sir：努尔哈赤将首都从辽阳迁到了沈阳，并且将这里改名为"盛京"。而在沈阳的历史上，这里并不属于任何政权的都城，也就没有遗留下来什么像样的宫殿可以使用，所以努尔哈赤要新建一座宫殿。后来努尔哈赤去世，皇太极将自己的王府修建成了新的皇宫，又陆续修建了现在的大清门、崇政殿、凤凰楼、清宁宫等大量的宫殿。后来乾隆帝即位之后，觉得沈阳故宫的规模配不上自己祖先的身份，于是就在沈阳故宫里修建了一系列新建筑。

小 Q：抽空一定要去沈阳故宫看一看。

姜 sir：努尔哈赤之所以将国名定为"金"，意义重大。因为在女真族的历史上，完颜阿骨打的金国曾经是民族的骄傲。努尔哈赤正是靠着金国女真后代的旗号，统一了女真部落。但是，在努尔哈赤晚年的时候，发现国号和族名给自己带来了很多烦恼。

小 Q：这会有什么烦恼呢？

姜 sir：努尔哈赤要进攻明朝了，别忘了北宋当年就是被金国女真族消灭的，所以汉族人对于女真族是不欢迎的。但努尔哈赤还没来得及改就去世了。1635年，皇太极废除"女真"的族号，改称"满洲"。1636年，皇太极将国号由"金"改为"大清"。

小 Q：就是那个灭掉明朝的清朝吗？

姜 sir：清朝已经崛起，明朝又将何去何从呢？我们下节见。

229　皇帝不好当

各位同学，大家好，我就是那个人见人爱、花见花开、车见车爆胎的姜 sir。

大家好，我就是那个负责问问题的小 Q 同学。

姜 sir：1627 年，明朝迎来了传统意义上的最后一位皇帝，就是木匠皇帝明熹宗的弟弟朱由检，年号"崇祯"，也就是后人常说的崇祯皇帝。

小 Q：我感觉无论崇祯皇帝好还是不好，都改变不了明朝灭亡的结局了。

姜 sir：崇祯帝继位时，年仅 16 岁。面对爸爸和哥哥留下的烂摊子，再加上当时外有强大的后金政权，内有农民起义军，整个国家动荡不安，而这些问题都等着他去解决。

小 Q：这就叫内忧外患。

姜 sir：天气也不帮忙，当时的明朝遭遇了小冰期，许多鸟兽因为大雪覆盖找不到食物而饿死。据统计，明朝最后50年，人口锐减，灾害遍地。中国气象史资料中，中国4次小冰河期，每次都伴随着最大规模的社会动乱，分别是商末、汉末、唐末、明末，而明末清初第四次小冰河期，是最严重的。不只是中国，这个时期世界各地都在发生大规模的动乱和农民起义。在《中国历史上的旱灾》中记录："除晋和南北朝以外，雨量特别少者为明代，当时旱灾之总数占世纪之冠。"崇祯朝的17年中，全国各地发生了14次特大旱灾，各地"饿殍（piǎo）遍野"的记载比比皆是。旱灾之后，还有蝗灾、瘟疫。明代后期发生了两次大瘟疫，分别在万历年间的1586—1590年和崇祯末年的1640—1644年。第二次大瘟疫，伴随着旱灾而来，尤为严重。在这些瘟疫中，鼠疫的危害程度非常大。由于降雨量减少，鼠洞中的温度也会上升，细菌容易在老鼠身上滋生，老鼠因为抵抗不了饥饿就会外出觅食，当它们的活动范围扩展后，便容易跟人类接触，加上人们经常处于饥饿的状态，身体抵抗力下降，自然也就增加了鼠疫流行的机会。人们为了填饱肚子，会铤而走险，进而引发农民起义。另外，明朝国库也根本没有钱拿来救灾，更加引起人民的不满，当时各地都爆发了农民起义。

小 Q：当皇帝压力可真大啊。

姜 sir： 崇祯帝很勤奋，可以说明朝所有皇帝中，开国皇帝朱元璋和亡国皇帝崇祯是最勤奋的了。但是勤奋不代表就能当好皇帝。在登基之前，他一直生活在皇宫之外的王府中，没有接受过完整的皇家教育，也没有作为皇帝接班人进行过针对性的培养。

小 Q： 当皇帝容易，当一个好皇帝可不容易。

姜 sir： 崇祯当政 18 年，连续替换内阁首辅多达 19 次，这样频繁地更换内阁首辅，在明朝也是不多见的。除了内阁人员变动，其他官员的变动也非常频繁。崇祯的确重用过一批人才，但在看不到效果之后，便会迅速换人。前线带兵打仗的将领更是频繁替换，比如在平定农民起义时，最好的做法是任命一个能干的官员，不论是打还是招安，都让他负责到底。可崇祯先用杨鹤，后用洪承畴，再用陈奇瑜，又用洪承畴，再用卢象昇，再用杨嗣昌，再用熊文灿，又用杨嗣昌，结果虽然很多次大败重创农民军，却始终没有彻底剿灭，反而总能使其起死回生。

小 Q： 既然相信人家了，就不能怀疑人家的能力，得给他们时间去证明呀。

姜 sir： 这就叫用人不疑，疑人不用。卢象昇是明朝末期最能打、军中威望最高的将领之一，对朝廷忠心不贰。可就是这样的人，却死在了崇祯的怀疑和小人的陷害之下。同时崇祯还学习先祖朱元璋"乱世用重典"的方针，意思就是世道混乱时，当用严峻的刑法，他对官员的政绩实行了严格的考核制度，不合格的，轻则罢官坐牢，重则流放杀头。

小Q：这个可以啊，没有问题。

姜sir：问题是官员为了完成政绩，就去折腾老百姓，皇帝让今年收很多税，但实际情况遭遇自然灾害了，收不上来，但皇帝要求又那么严，怎么办？只能去老百姓那里想办法。问题是，这样完成任务的官员竟然还能得到表扬，那很多官员也会模仿着这么做了。

小Q：当皇帝可真不容易，对官员严格不严格都得想清楚。

姜sir：可以说崇祯是一个很努力、很勤奋的皇帝，但当皇帝不是一件容易的事，崇祯有着一颗复兴明朝的心，但却没有这个能力。1644年，李自成率军攻入北京，城内守军投降，崇祯皇帝在煤山，就是现在北京故宫旁边的景山自杀了，这就是明朝著名的"国君死社稷"事件。

小Q：那北京被打下了，会不会和宋朝一样，还继续有南明、北明、西明、东明这种的存在？

姜sir：历史上有一段南明时期，战斗主要在南方展开，打着复兴明朝的旗帜，但却没有太大的影响，因为南明的各支力量不能形成一个整体，使得清军逐个将之击破消灭。

小Q：那为什么是李自成打下了北京，可接下来的朝代

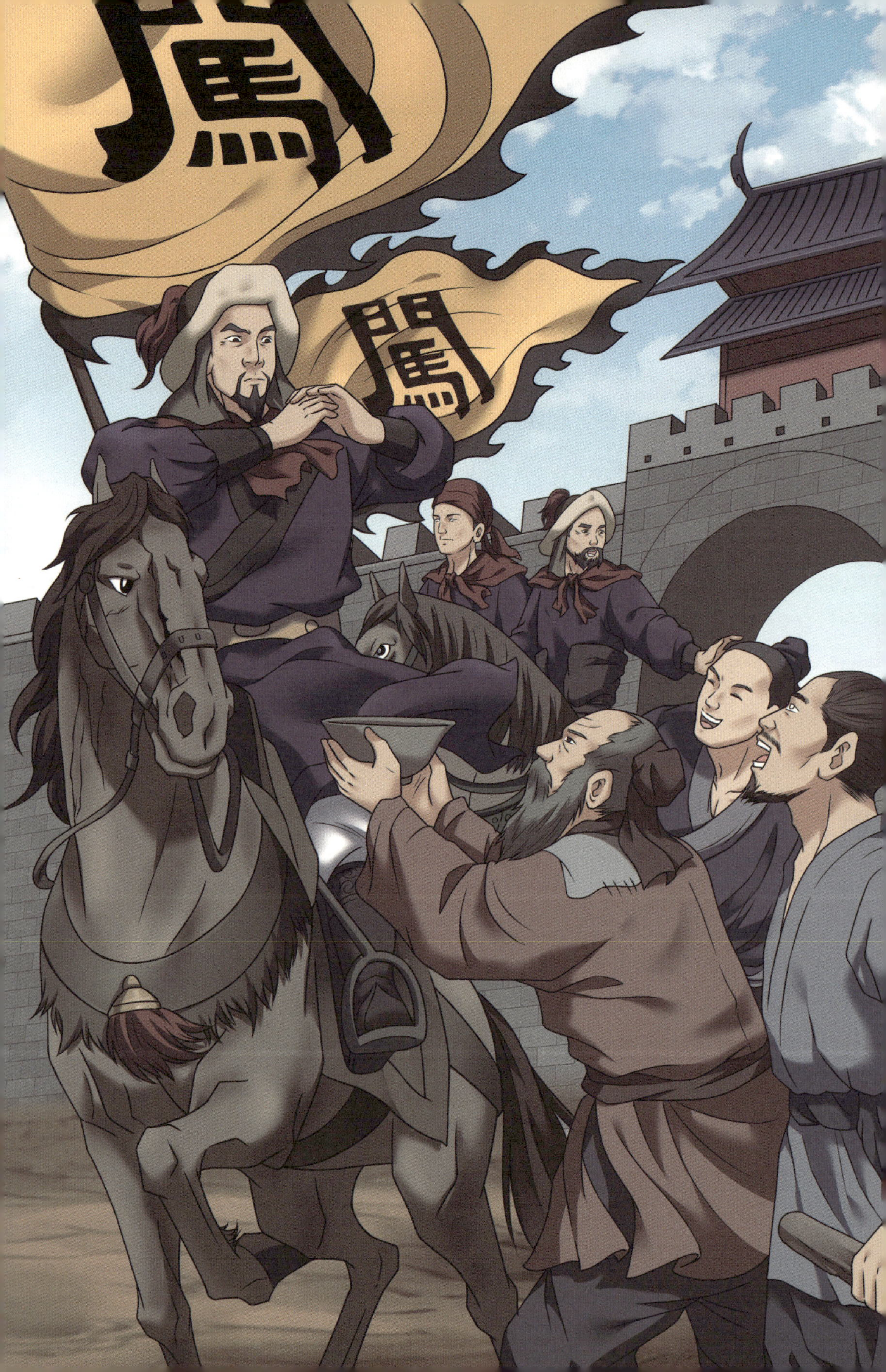
闖

却是满族的清朝呢？

姜 sir：李自成本身是明朝驿站的一个小兵。1628年，崇祯皇帝对驿站进行了改革，李自成被裁员了，失业回家后就参军了。参军的时候，将军不发工资，士兵们就造反了，于是李自成就走上了造反的道路，当时西北民间流传这么一句话"打开城门迎闯王，闯王来了不纳粮"。

小 Q：这个不交粮食的口号估计会吸引很多人。

姜 sir：有学者算过一笔账，当时一亩好地一年的产值是七八两银子，而当时朝廷要求农民每亩交的税大概是十两银子。

小 Q：啊？赚的都不够交的，这肯定会造反啊！

姜 sir：1644年，李自成在西安宣布建立"大顺"政权，准备奔着北京去进攻，但在攻打宁武关的战役中，大顺军伤亡近一万人。这一战对李自成打击很大，明朝军队还是不好打，从西安打到北京，很难打过去。但没想到很多地方的明朝将领给李自成写信投降，李自成很顺利地就打到了北京。

小 Q：明朝军队竟然还有这种操作！

姜 sir：李自成并没有想要做皇帝，他派人给崇祯皇帝写了一封信，如果崇祯封自己为西北王，并且给他一些军饷，他就会退回西安，崇祯可以继续做皇帝。可崇祯没答应。于是李自成杀入北京，崇祯自杀。但李自成只在北京待了42天就走了，发生了什么呢？我们下节见。

230 吴三桂的选择

各位同学,大家好,我就是那个人见人爱、花见花开、车见车爆胎的姜 sir。

大家好,我就是那个负责问问题的小 Q 同学。

姜 sir:上节我们说到李自成在进入北京城后,对于军队的管理没有任何方案。还有一个问题就是当年许诺不收老百姓粮食,可士兵的军饷、工资从哪里来呢?

小 Q:明朝的国库没有钱吗?

姜 sir:李自成攻破北京城后,第一件事就是直奔明朝的国库,打开国库大门一看,李自成傻眼了,这哪里是国库啊,就 10 万两白银而已,还不够大军吃几天饭呢,所以李自成打出的口号是"助饷",大家自愿捐给我一些钱,帮助我发军饷。

小 Q:这哪是自愿,谁敢不给呢?

姜 sir：据统计，这一个多月里，李自成在北京劫掠了共计7000万两白银，珍宝无数。这时候，吴三桂也打开了有"天下第一关"之称的山海关。

小 Q：山海关为什么被称为"天下第一关"呢？

姜 sir：山海关，北依燕山，南临渤海，位于山和海之间，因此得名山海关。山海关距离北京非常近，而且两地之间的地形以有利于骑兵冲杀的平原为主。所以山海关的位置，决定了当时北京的安全。从明朝中后期开始，山海关逐渐有了"天下第一关"的称号，清朝的军队要想向中原地区发起进攻，就必须占领这里。李自成想要稳定自己的政权，也要占领这里。吴三桂两面都是敌人，虽然南方地区还有明朝的部分势力，但离得太远了，仅靠吴三桂自己的军事实力很难抵抗这两方的势力。

小 Q：那他为什么不给李自成，而给清军了呢？

姜 sir：在民间最有名的故事就是"冲冠一怒为红颜"了，这句诗出自明末清初吴伟业的《圆圆曲》。大概意思说的是吴三桂特别喜欢的女子陈圆圆被李自成的部下抢走了，吴三桂喊道："大丈夫不能保一女子，何面目见人耶？"于是投靠了清朝。

小 Q：是不是野史小说里的描写？

姜 sir：不是，《明史·流寇传》中确实有相关记录。

小 Q：吴三桂太冲动了，这可是对历史产生影响的决定啊！

姜 sir：这就要提到《明史》这本正史的成书了，《明史》修订的第一个阶段是在清朝的顺治时期，当时清朝刚刚建立。第二个阶段是在平定三藩之后。而三藩之一就是吴三桂，所以这时候写《明史》，吴三桂早已经被定义为乱臣贼子，两次反叛的"二姓家臣"了。

小 Q：所以不会把吴三桂写得特别好。

姜 sir："冲冠一怒为红颜"，会让很多人觉得吴三桂真没出息，只是为了一个女子，竟然置国家大义而不顾，投降了清军。其实有一点是比较明确的，就是吴三桂最初没打算向清军投降。按照《清世祖实录》的说法，吴三桂是向清军请求支援，去帮助他打败李自成，然后割让山海关以外所有土地给清朝。

小 Q：这么好的条件换我也愿意。

姜 sir：这时候李自成的二十多万军队已经开赴到了山海关外，吴三桂的军队率先出击，清军则远远隐藏在后面的山头观战。清军看准时机，命令埋伏在阵后的几万清兵倾巢出动，向李自成军队发动突然袭击。被两支队伍前后夹击，李自成惨败。后率领大军离开北京，向西安撤退。而李自成离开北京的第3天，清兵进入北京城。此战之后，清军从山海关源源入关，中原已没有力量阻挡清朝的骑兵。

小 Q：那清军就不走了？

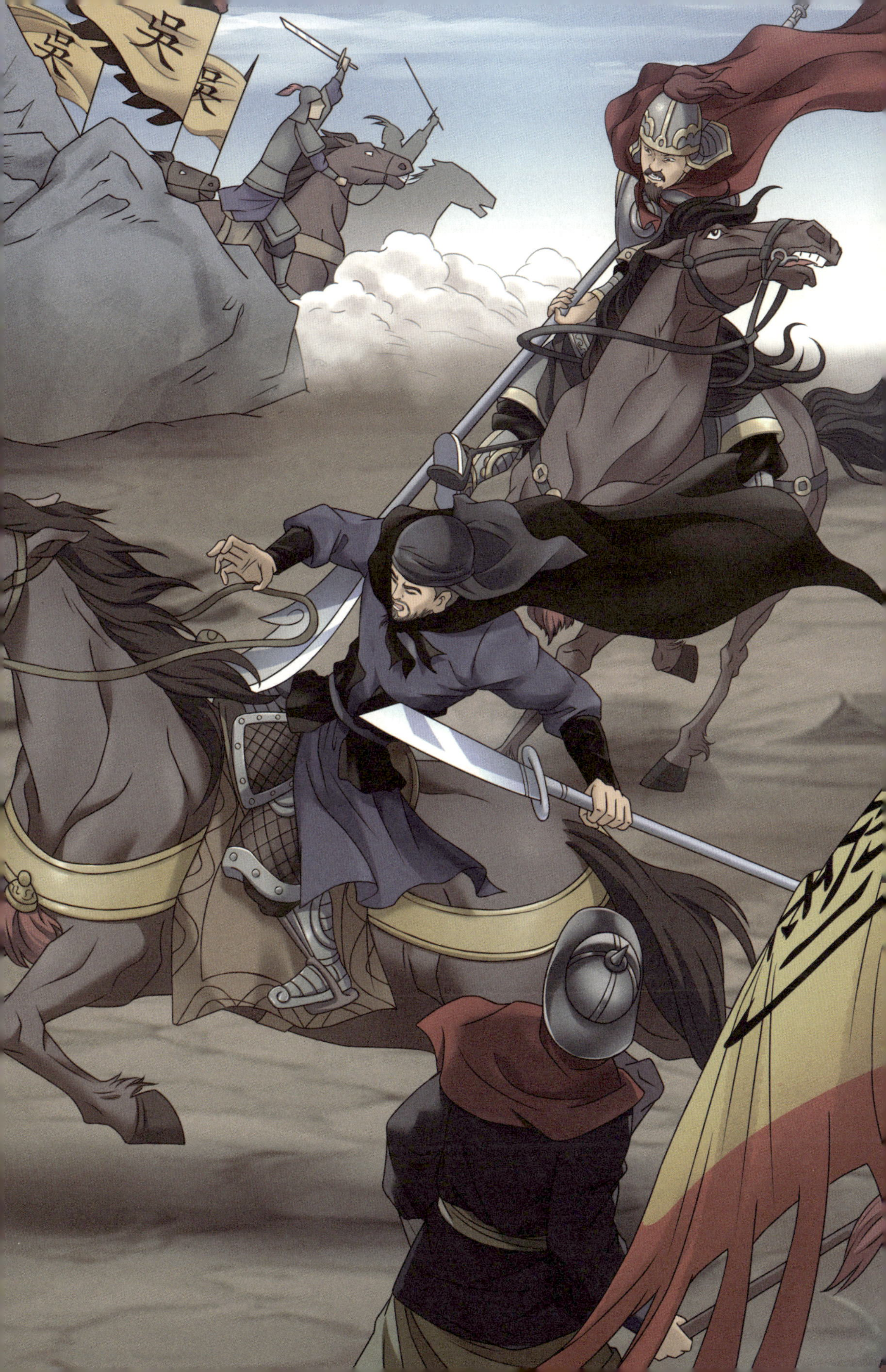
吴
吴
吴

姜 sir：清军入北京，吴三桂继续追击李自成，吴三桂这时打的旗帜是"为君父复仇"，并与明朝南方部队多有联系；后来，顺治帝进了紫禁城登基，同时顺治帝封赏吴三桂为平西王。

小 Q：感觉生米煮成熟饭了。

姜 sir：明朝末期有一本《幸存录》，里面这样评价吴三桂："三桂少年，勇冠三军，边帅莫之及。"这是在夸吴三桂很优秀。"闯寇所以诱致之者甚至，三桂终不从。"这是说吴三桂面对李自成的诱惑，没有投降。"都城已破，以杀寇自矢。包胥复楚，三桂无愧焉。包胥借秦兵而获存楚社，三桂借东夷而东夷遂吞我中华，岂三桂罪哉！所遭之不幸耳。"这里用的是典故，当年申包胥向秦国借兵救楚国，如今吴三桂向清朝借兵救明朝，但清最后占据了天下，和吴三桂有什么关系。

小 Q：这段评价是在替吴三桂说话。

姜 sir：吴三桂的是非功过只能交给后人评价了，持续276年的明朝结束了。有人说明朝是中国历史上最黑暗、最腐朽、最残暴的朝代；也有人说明朝是历史上最有骨气的朝代。那么就让我们从几个方面对明朝进行一下总结，第一个方面会总结什么呢？我们下节见。

231 武将定国

各位同学，大家好，我就是那个人见人爱、花见花开、车见车爆胎的姜 sir。

大家好，我就是那个负责问问题的小 Q 同学。

姜 sir：欢迎大家来到明朝总结大会之将军篇。战争在历史中往往起着非常重要的作用。一场战争，人的因素最为关键。用对将军，赢；用错将军，输。

小 Q：建文帝用的那个李景隆，真是用错了。

姜 sir：明朝是我国历史上较为强盛的朝代之一。在近三百年的历史中，涌现了无数名将，他们为明朝立下了汗马功劳。首先提到的就是淮西二十四将，他们是朱元璋最初带在身边的 24 个人。这些人都是明朝的开国功臣，为明王朝的建立立下了汗马功劳。二十四将里最善良的就是徐达。

1355年，朱元璋被别人扣留，危在旦夕，关键时刻，徐达挺身而出，愿意取代朱元璋作为人质，最终解决了危机。朱元璋非常信任和重用徐达，把军队交给徐达指挥，朱元璋自己则在后方把控大局。徐达东征北伐，协助朱元璋先后击败陈友谅、张士诚，消灭了元朝，为明朝的建立扫平了障碍。朱元璋对徐达的评价是，不骄不傲，公正无私，像日月行天一样光明磊落，大将军就是这样的人啊！

小Q：这个评价非常高呀。

姜sir：明朝开国初期，不仅有徐达，还有常遇春。他被后人称为"霍去病在世"。

小Q：评价这么高，常遇春有什么战绩吗？

姜sir：常遇春是朱元璋麾下的首席先锋大将，参加大小战争无数，无一败仗，号称能以10万军队横行天下，所以人称"常十万"。常遇春最大的特点就是勇猛敢战，在采石大战中，元朝军队在岸边防守严密，朱元璋的水军无法接近，这个时候常遇春单枪匹马冲向岸边，持矛冲阵，所向披靡，凭一己之力将元军打得溃散，后续部队得以进入，最后大获全胜。位于安徽省马鞍山市西南的采石矶临江边的石头上，有一只嵌入石头的大脚印，相传就是常遇春攻打采石矶时留下的。当然，人不可能在石头上踩出脚印，所以，这个脚印应当是后人为纪念常遇春而凿出来的。在洛水一役中，常遇春单骑而出，突击拥有5万兵马的蒙古大阵，再一次凭一人之力破敌20余骑将的围攻，并撕开敌阵，带领部下击溃元军。对于常遇春为大明王朝所立下的赫赫战功，朱元璋是这般评价的："计其开拓之功，以十分言之，遇春居其七八。"

小Q：这也太勇猛了！

姜sir：还有朱元璋的外甥李文忠，18岁的时候就统兵征战，大破敌军；邓愈，15岁的时候就开始领兵对抗元朝；朱元璋的养子沐英，11岁的时候就跟随朱元璋打天下；还有傅友德、蓝玉、冯胜、廖永忠、汤和等，都是屡立战功。

小Q：明朝初期的将军太多，太厉害了。那中后期呢？

姜sir：明朝中后期，有人称"俞龙戚虎"的俞大猷（yóu）和戚继光两个著名的将军。"世人言，戚继光如虎，俞大猷如龙。俞龙戚虎，杀贼如土。"两者相比，戚继光的名气要大得多，但其实俞大猷并不逊于戚继光。单论武艺，俞大猷可以称得上是绝世高手，甚至有人说他是明朝第一高手。

小Q：就是个人武术全国第一呗！

姜sir：据说俞大猷曾经去少林寺切磋武艺，结果少林寺的武僧，无论是刀枪棍棒，都打不过俞大猷。

小Q：这也太厉害了！

姜sir：俞大猷之所以没有戚继光出名，就是因为他太耿直了，从不肯委曲求全，得罪了严嵩，所以换来的不是战功，

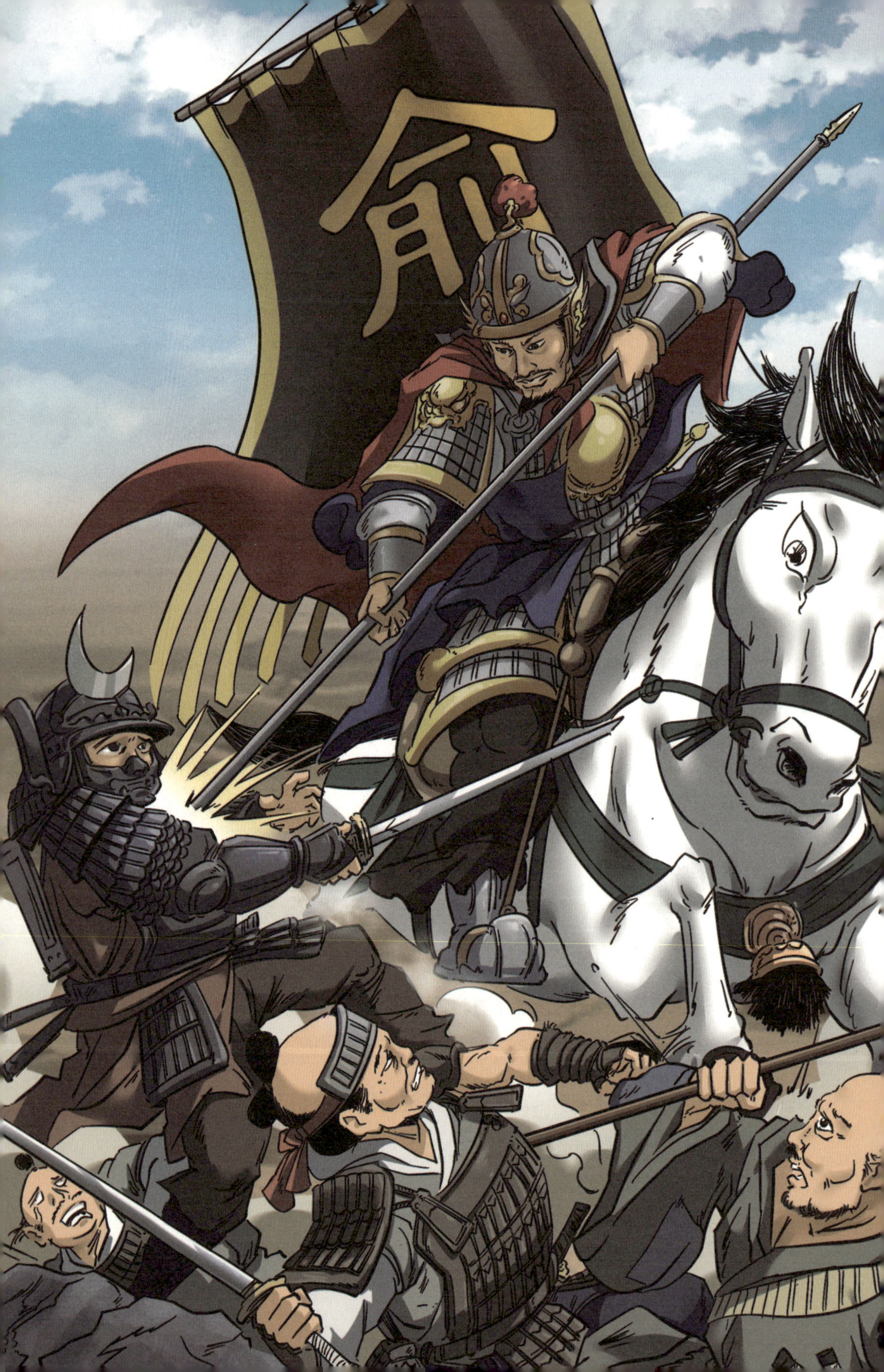
俞

而是四次贬官，一次入狱。到了明朝末年，虽然国家已经没办法重现往日的辉煌，但并不代表没有可用的名将，如卢象昇、孙传庭、袁崇焕。其中孙传庭被记录为"传庭死，而明亡矣"。意思是孙传庭死了，基本上明朝也会走向灭亡。

小Q：太遗憾了！

姜sir：不管是古代战争还是现代战争，军队的将领是很重要的，将领不仅是一个军队的指挥官，更是一个军队的灵魂人物。而名将如云的明朝，海军实力也很强，几乎三百年不败。

明朝的武将都表现这么优异了，文臣又有哪些高光的成绩呢？我们下节见。

232 文臣治国

各位同学,大家好,我就是那个人见人爱、花见花开、车见车爆胎的姜 sir。

大家好,我就是那个负责问问题的小 Q 同学。

姜 sir:一个国家在开国之初,武将开疆拓土一统江山,而国家统一后,武将刀枪入库,马放南山。文官整整衣冠,执笔上朝,开始治国。这就是"文治国,武定国"。

小 Q:什么时候开始分的文臣和武将呢?

姜 sir:史学界普遍认为,文武分离的标志是设立有专门指挥作战的武将,而文官不再参与一线作战。西周以前文官、武将的职责有交叉,是没有完全分开的。战国时期才出现了专职将军和独立的军事系统。文武分开后,还得保持两方面的相对均衡。

小Q：文臣和武将也会斗争啊？

姜sir：明朝初期最重武臣，武将地位和待遇都在文臣之上，武将如果在路上碰到文官，并且双方同级别，文官肯定是先下车或下马问候的。

小Q：这不就成了重武轻文了吗？

姜sir：到了明仁宗时期，明朝由战争年代转为和平年代，而由于明朝武将是可以世袭的，世袭这件事，爸爸厉害，不代表儿子一定厉害。所以很多世袭的武将并没有明朝初期那样的实力，于是文官的地位逐渐增高，同时土木堡之变导致明朝武将集团几乎全军覆灭，有能力的武将没了，他们的下一代还没有崛起，根本无法和文官抗衡。而明朝成熟的科举制度又为文官集团提供了源源不断的力量。

小Q：土木堡之变对明朝的影响这么大呀！

姜sir：武将集团没有实力了，同时文官又出现了几个厉害的人物，比如于谦、张居正。等到了嘉靖、万历时期，武将的地位越来越低。土木堡之变后，武将统兵，但文臣当统帅的现象有很多，例如王阳明平定宁王，随着明朝文官权力变大，皇帝为对抗文官集团，就选择了宦官集团，文官集团与宦官集团的斗争几乎成了明朝中后期的主旋律。

小Q：原来如此。

姜sir：所以以魏忠贤为首的宦官集团被崇祯皇帝灭掉以

后，小Q，你觉得哪一个集团的势力会崛起？

小Q：文官集团。

姜sir：明朝末期的文官集团就是东林党。"风声雨声读书声声声入耳，家事国事天下事事事关心。"这副对联就出自东林书院。东林党指的就是明朝末年的一个政治集团，名字就来自东林书院。东林党是历史上很有争议的团体，认同东林党的人认为东林党是忠良救国义士，反对东林党的人认为东林党盲目进行党争且无视社会现实，毁了明朝。

小Q：当皇帝可真累，要平衡各种集团的关系。

姜sir：古人有句话叫"文死谏，武死战"，意思是文臣应当冒着杀头的危险向皇帝提意见，武将应当在战场上拼死决战，报效国家。这种现象历朝历代都有，但是在明朝特别突出。明朝的文臣非常喜欢提意见，甚至专门挑皇帝的小毛病，仿佛一天不提意见就浑身难受似的。

小Q：那这群文官怎么提意见呢？就直接指出皇帝的错误吗？

姜sir：提意见也是讲策略的，可以利用"天降异象"，也就是各种各样的自然灾害，比如什么天降陨石、干旱、洪涝等，借此机会劝诫皇帝："就是因为您犯错，所以老天警告您，您必须及时改正，不然后果更加严重。"

小Q：那不可能总有自然灾害啊。

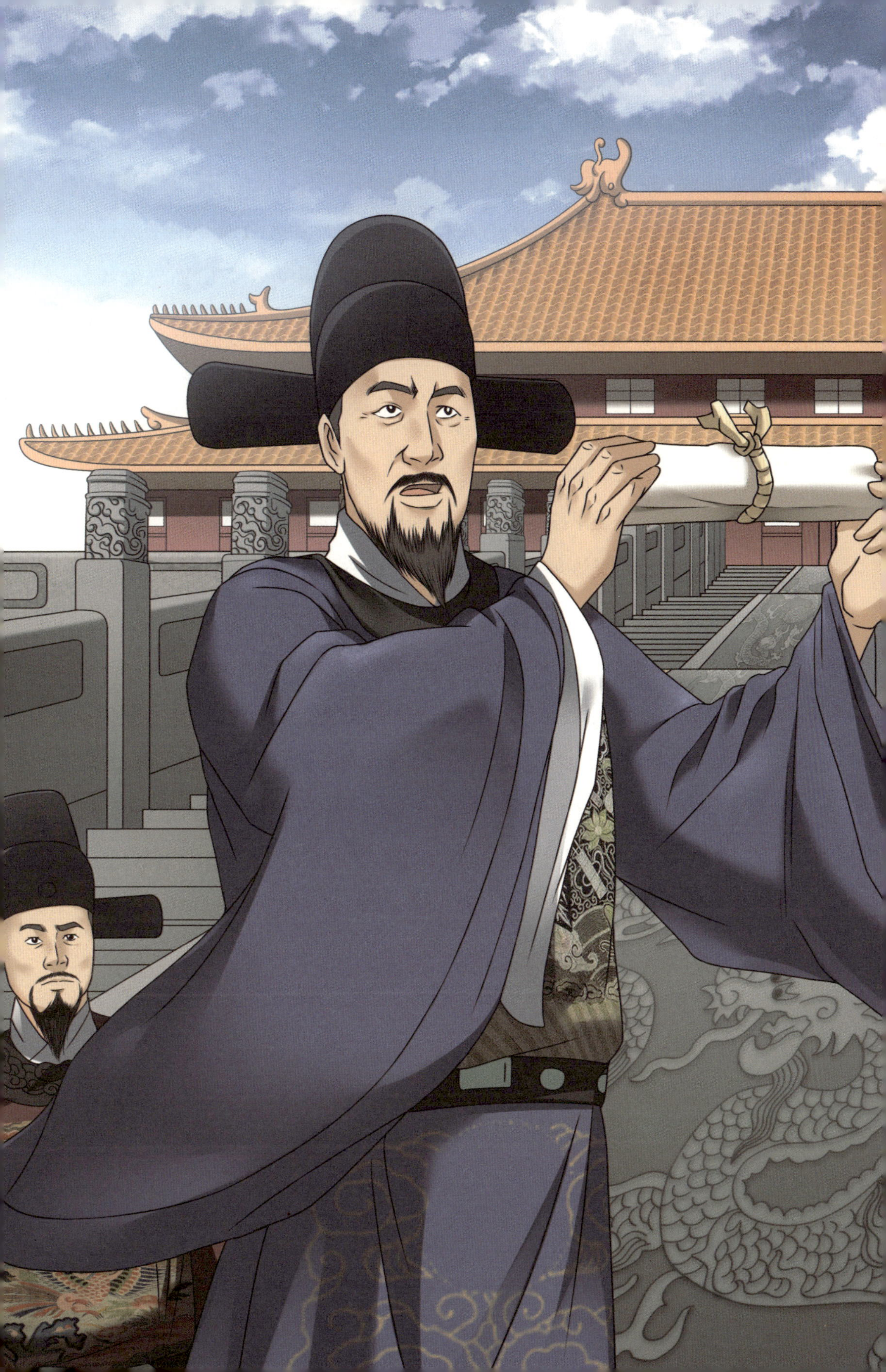

姜sir：还有一个就是"祖宗法制"，提意见的时候经常说："天下者，祖宗之天下，皇上有祖宗之天下，当谨守祖宗之成法。"就是您现在得到天下是因为您有一个好祖宗，而您继承了祖宗的天下，就应该听祖宗的话，然后会引用一些开国皇帝说过的话。

小Q：爸爸给我提意见的时候，总是说你妈妈曾说过，你忘了吗？好像也是这个思路。

姜sir：这两条都不行，就用"德行"。告诉皇帝，作为一个皇帝就应该如何，什么是不能做的，做了以后，会失去自己的权威的。

小Q：这提意见还真得讲方法。

姜sir：文臣对于皇帝来说非常重要，明朝也产生了很多著名的文臣，比如李善长、徐溥、李东阳、徐阶、韩爌（kuàng）等。文官主导了明朝的朝堂，那么文人的地位自然而然也会很高，所以明朝的文学一定会繁荣，都有哪些呢？我们下节见。

233　带插图的图书

各位同学,大家好,我就是那个人见人爱、花见花开、车见车爆胎的姜 sir。

大家好,我就是那个负责问问题的小 Q 同学。

姜 sir：上一节我们了解了明朝的文官势力变化,那么这一节就让我们去了解明朝的文化,先从三本书说起：《本草纲目》《天工开物》《农政全书》。《本草纲目》属于医学著作,不仅在国内影响巨大,在国外的地位也很高。英国著名生物学家达尔文曾受益于《本草纲目》,称它是"中国古代百科全书"。

小 Q：《本草纲目》是谁写的呢？

姜 sir：作者叫李时珍,他从 34 岁开始编写《本草纲目》,因为李时珍在历代医药典籍中发现有些书籍存在不少错误,为了避免误导后人,他决定重新编写一部书籍,对草药的药性、药理重新梳理。从 1565 年起，李时珍多次外出考察，足迹遍布湖广、江西、福建、广东、广西、四川、南直隶、浙江等众多名山大川，到 1578 年，《本草纲目》初稿终于完成。李时珍在初稿的基础上反复认证，又做了 3 次增删修改，但书还没有出版，李时珍就去世了。后来明神宗朱翊钧下令全国各地向朝廷献书，李时珍的儿子立即将父亲的遗著《本草纲目》献上，这本著名的书籍才得以问世。2011 年，金陵版《本草纲目》入选《世界记忆名录》。

小Q：《天工开物》又是什么类型的书籍？

姜sir：这是世界上第一部关于农业、手工业生产的综合性著作，外国学者称它为"中国 17 世纪的工艺百科全书"，作者是明朝科学家宋应星。宋应星生于明代万历中期，参加了几次科举都没有成功，便全身心投入科学技术研究，开始撰写这本《天工开物》。

小Q：为什么叫这个书名呢？

姜sir：世界上的资源是大自然造就的，这就是"天工"；而自然资源必须经过人类的开发、加工，才能成为人类所需要的东西，这就叫"开物"，所以叫"天工开物"。全书共有 18 卷，内容包括农业、铸造、纺织、食品加工、造纸、印刷及其他工业生产等方面的工艺。全书还附有 123 幅生动精美的插图。

小Q：有这些图，非常方便我们后人去了解当时的情况。那《农政全书》肯定是农业方面的吧？

姜sir：《农政全书》按内容可分为农政措施和农业技术两部分。全书总结了我国历代农学著作和明代的农业生产经验，里面还收集了我国古代各种耕作方法以及有关农业和季节、气候的知识；还用图画介绍了灌溉工程和水利机械，同时总结了劳动人民应对自然灾害的经验。

小Q：这么全面，作者是谁呢？

姜sir：作者是徐光启，这本书不仅仅总结了很多农业知识，最厉害之处是形成了一种农本思想，就是农业是一个国家的根本。据统计，美、英、澳、德四十多家海外图书馆收藏了《农政全书》的历代刻本和现代版本。

小Q：明朝这三本书影响太大了！

姜sir：还有世界现存最早的云图集《白猿献三光图》，里面有132幅云图，能与气候变化联系起来。

小Q：明朝就开始观察云彩和天气的关系了，厉害！

姜sir：明朝？我们老祖宗从战国时期就开始做这件事了，根据对云形、云色、云的运动等的观察，从而推断刮风降雨的情况。从秦代到汉代，古人还绘制出了各种各样的云图。明朝还有著名的《徐霞客游记》，作者徐霞客被尊为"千古奇人"。2011年4月，我国将每年的5月19日确定为"中

1393

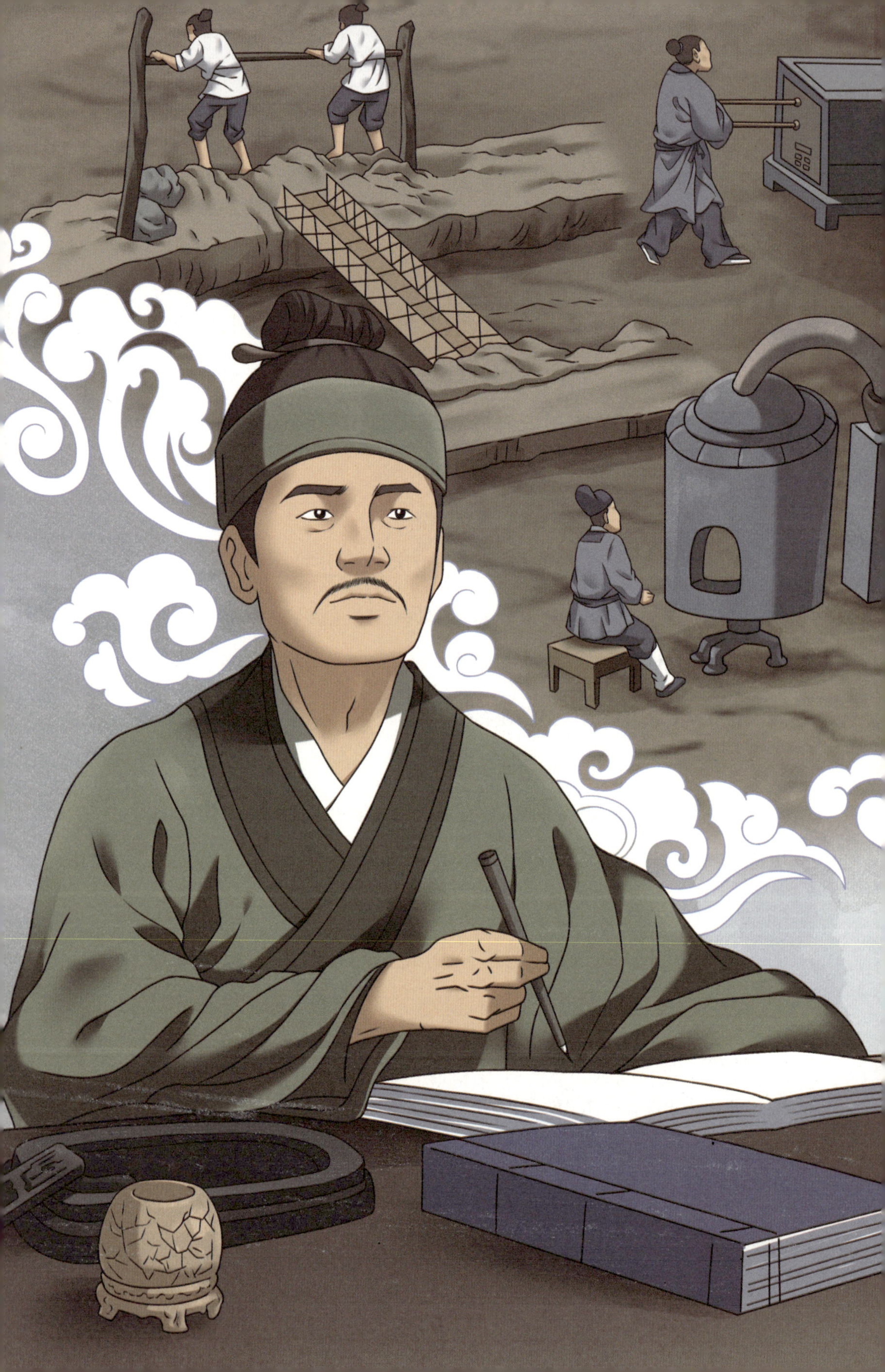

国旅游日"。这个日子是《徐霞客游记》开篇"游天台山日记"记述的第一天。

小Q：这是一本什么书？

姜sir：《徐霞客游记》是徐霞客从1613年到1639年旅行期间，对地理、水文、地质、植物等现象做出的详细记录。这本书对于地理学家是一份珍贵的地理科学报告，对普通读者而言，更像是一本旅游指南。

小Q：明朝竟然有这么多经典著作！

姜sir：明朝的经典还有很多，比如"四大名著"中的三本都来自明朝，是哪三本呢？为什么会有"四大名著"的说法呢？我们下节见。

234 为什么叫四大名著？

各位同学，大家好，我就是那个人见人爱、花见花开、车见车爆胎的姜 sir。

大家好，我就是那个负责问问题的小 Q 同学。

姜 sir：明朝的文学处于雅文学衰落，俗文学兴盛的阶段。

小 Q：文学还分雅和俗？

姜 sir：在中国文学的传统观念中，诗文是雅文学的代表，小说、戏曲是俗文学的代表。俗文学往往指的是不被当时的学者、官员所重视，但却在民间非常流行，受到老百姓喜欢的文学形式。比如神话、寓言故事、唐传奇、宋话本、元杂剧，包括很多人喜欢看的笑话等。

小 Q：我想到了柳永的作品，就不被晏殊这些人重视。

姜 sir：无论是在美学还是在文学上，"俗"与"雅"两者之间并没有严格的界限。很多文学作品都是有俗也有雅，叫"俗雅共存"。比如《诗经》风、雅、颂里面有《风》，就是民歌，雅也分为《大雅》和《小雅》。所以有一个成语叫"雅俗共赏"，形容某些作品既优美又通俗，各种文化程度的人都能够欣赏。

小Q：那明朝的俗文学代表是什么？

姜sir：你听过"四大名著"的说法吗？

小Q：《三国演义》《水浒传》《西游记》《红楼梦》，这是一个基本的文学常识，当然知道了。

姜sir：那你知道为什么有"四大名著"的说法吗？

小Q：就是四本最棒的小说？

姜sir：四大名著中《三国演义》《水浒传》《西游记》三本就来自明朝，可明朝并没有"四大名著"的说法。

小Q：这个我知道，因为还有清朝的《红楼梦》呢，所以明朝不可能有这个说法。

姜sir：清朝也没有"四大名著"的说法。可以说1949年以前，都没有"四大名著"这种说法。

小Q：啊？

姜sir：古人有个习惯，就是把很多作品放在一起，加上一个总称。比如明朝时，将《史记》《庄子》《水浒传》《西厢记》称为"宇宙四大奇书"，清朝的金圣叹把《庄子》《离骚》

《史记》《杜工部集》《水浒传》《西厢记》评为"天下六大才子书"。民国时期，胡适把《水浒》《西游》《儒林外史》《红楼梦》称为"吾国第一流小说"。但所有说法中，没有人把《三国演义》《水浒传》《西游记》《红楼梦》这四部书放在一起。

小 Q：那后来为什么有了"四大名著"的说法呢？

姜 sir：沈从文将《三国演义》《水浒传》《西游记》《红楼梦》这四本书并称为"四大著作"。据统计，这四本是当时古典文学类图书中印刷量最大的四本。

小 Q：原来"四大名著"是印刷量最大的四本啊。

姜 sir：可以说这四本古典小说，几乎成了那个年代识字百姓的必读书。1981 年出版的《文学理论》和很多著作都将这四本列为"四大名著"，同时很多出版社也将这四本一起打包出版，直到 20 世纪 80 年代以后，"四大名著"的叫法逐渐形成。

小 Q：原来如此。

姜 sir：在各类通俗文学中，小说是最引人注目的。特别是中国古代长篇小说里的章回小说，那是明朝对中国文学做出的宝贵贡献。章回小说的特色是分章去讲故事，每一回的故事相对独立，但每一回之间又有联系，将全书构成了统一的整体。明朝的章回小说还保存了宋元话本中开头用开场诗，结尾用散场诗的形式。正文常用"话说"两个字开头，往往

文天祥

在情节开展的紧要关头不讲了，用一句"欲知后事如何，且听下回分解"作为结尾。

小Q：和你的"下节见"是一个套路。

姜sir：章回小说起源于在茶馆酒楼中给顾客说书的先生。说书先生讲的故事往往很长，不能一次讲完，为了吸引顾客能天天来听，就把一个故事分很多次讲，讲完一回之后，总是要在结束前设个悬念，留下个疑问，用"且听下回分解"提醒顾客，明天记得来。

小Q：小说为什么到了明朝就到了高峰呢？

姜sir：明朝最杰出的文学作品多出自嘉靖、万历时期，那一百年是小说的高峰时期。

小Q：没听说这俩不爱上朝的皇帝爱看小说啊。

姜sir：嘉靖和万历没有颁布鼓励小说发展的政令，但明朝的小说盛世就出现在这样一个国势下滑的时期。第一，明朝是一个出版书籍相对自由的朝代。第二，当时社会上一些掌握权力的文人支持小说，鼓励印刷。第三，明朝的造纸业也快速地发展，毕竟都是长篇小说，需要很多纸。

小Q：要是在竹简时代，还真实现不了。

姜sir：所以明朝的小说达到了一个高峰，除了大家熟知的"四大名著"里的三本，还有哪些呢？这些书籍到底哪里吸引人呢？我们下节见。

235 小说的高峰

姜 sir：各位同学，大家好，我就是那个人见人爱、花见花开、车见车爆胎的姜 sir。

大家好，我就是那个负责问问题的小 Q 同学。

姜 sir：上节我们说到小说在明朝达到了一个高峰。如果要说哪一本小说是无人不知，无人不晓，我一定选《西游记》这本书。

小 Q：我就特别喜欢《西游记》，看多少遍都愿意。

姜 sir：《西游记》是由明代小说家吴承恩所写，书里唐僧、孙悟空、猪八戒、沙和尚、白龙马，他们经历了不同的事情，但走到了一起，为了一个共同的目标：西天取经，和妖魔鬼怪斗智斗勇，最终经历了九九八十一难取得真经。在这部小说里，宣扬了要敢于冒险，勇于同恶势力做斗争的精神。

姜sir：明代另一本小说，让很多人都认为那就是真实的历史。

小Q：《三国演义》？

姜sir：是的。《三国演义》是元末明初小说家罗贯中创作的长篇章回体历史演义小说，书中描写了从东汉末年到西晋初年近百年的历史事件，以描写战争为主，讲述了东汉末年的割据混战和魏、蜀、吴三国之间的斗争，最终三家归晋。

小Q：三国这段历史之所以受欢迎，也和这本小说有关系。

姜sir：有一句话叫"所谓历史，不过是挂小说的一颗钉子"。史书《三国志》是钉子，挂了《三国演义》这件衣服，因为这件衣服，这颗钉子也就受关注更多一些。

小Q：那《水浒传》这件大衣就是挂在了宋江起义的钉子上喽。

姜sir：《水浒传》描写了梁山好汉反抗欺压、梁山壮大和受宋朝招安，以及受招安后为宋朝征战，最终消亡的故事。

小Q：我听过一句话，"少不看水浒，老不看三国"，这是什么意思呢？

姜sir："少不看水浒"，因为《水浒传》讲述的是一帮绿林好汉聚义梁山打家劫舍的故事，如果让少年去读，他们很有可能忽略小说想表达的侠义精神，而是被那些梁山好汉杀人放火的情节所吸引，可能会去模仿，做出一些错误的事情来，所以说"少不看水浒"。

小Q：也就是说，看《水浒传》要看懂作者想表达的思想，而不是只去看那些行为。

姜sir：《三国演义》里面往往少不了各种明枪暗箭，阴谋诡计，尔虞我诈，年龄大的看了也许会更加地圆滑奸诈。还有一种说法是老年人看了《三国演义》里面的一个个英雄人物都结束了生命，成了历史这条长河里的浪花，容易想到自己的人生快到了尽头，不禁伤心，所以尽量少看。

小Q：那换个角度，我少时读了《水浒传》，学会了正义；我老的时候看了《三国演义》，阅历变得更丰富，这不也挺好吗？

姜sir：所以看任何书籍，要有正确的把控能力，知道什么是对的，什么是错的。作品就摆在那儿，不会变，读书人的思考才是最重要的。

小Q：那明朝还有其他有名的小说吗？

姜sir：《封神演义》。这本书主要讲述的是武王伐纣的故事。还有"三言二拍"，是五本著名小说集的合称，包括冯梦龙创作的《喻世明言》《警世通言》和《醒世恒言》，以及凌濛初创作的《初刻拍案惊奇》和《二刻拍案惊奇》，是我国文学史上第一部规模宏大的短篇小说总集。

小Q：短篇小说和长篇小说有什么区别吗？

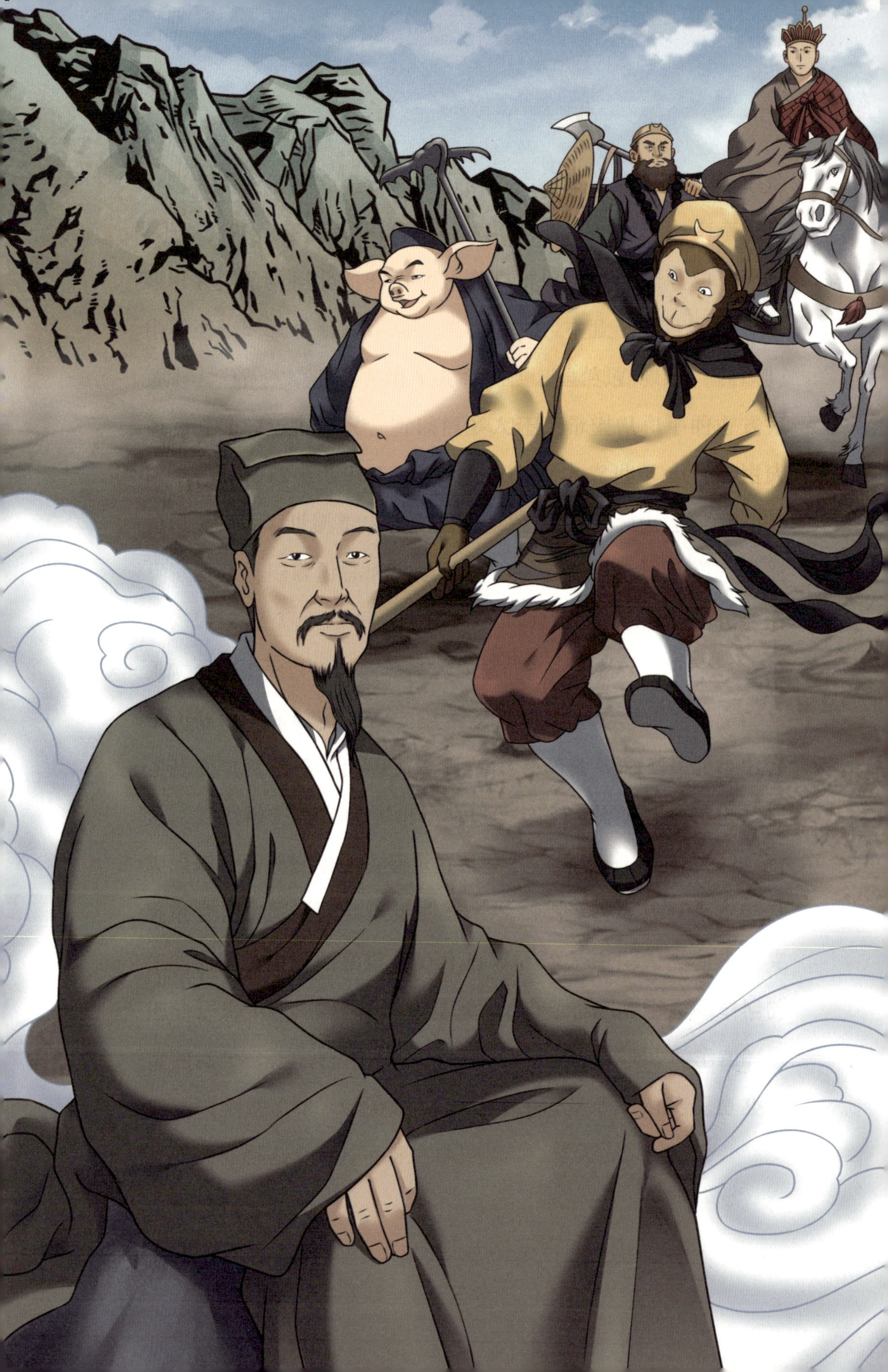

姜sir：人们通常把几千字到两万字的小说称为短篇小说，三万字到十万字的小说称为中篇小说，十万字以上的称为长篇小说。

小Q：就只有字数上的区别吗？

姜sir：长篇小说容量最大，一般是通过比较多的人物和事件来表现社会生活。短篇小说的特点是短小精悍，往往只写一个或几个人物，描写生活的一个片段。

小Q：那我抽空可以看短篇小说，时间充裕的时候看长篇小说。

姜sir：接下来，我们就要走入明朝的美食世界了，都有什么好吃的呢？我们下节见。

236　明朝的吃吃喝喝

各位同学，大家好，我就是那个人见人爱、花见花开、车见车爆胎的姜 sir。

大家好，我就是那个负责问问题的小 Q 同学。

姜 sir：中国的美食文化在经过宋朝的高度发展之后，又经历了元朝的民族融合，吸收了少数民族的饮食习惯，到了明朝又有了非常大的发展。有许多地方美食就是从明朝开始流行起来的，其中有一道小吃是广东的荷叶饭。

小 Q：荷叶饭是怎么个吃法？

姜 sir：把香米和鱼肉用荷叶包裹起来蒸熟。荷叶的清香经过蒸汽留在了米饭中，鱼肉的鲜美搭配上荷叶的清香，可以说是香上加香。

小 Q：明朝时期有很多外来的食物传入中国吗？

姜 sir：比如番茄、辣椒、南瓜、地瓜、玉米、大蒜都是在明代时期传入中国的。尤其是辣椒的传入，对于中国饮食来说具有特别重要的意义。但最开始辣椒进入中国，不是为了吃，而是作为观赏植物。直到清朝中后期，人们发现辣椒这东西可以吃，于是开始将辣椒融入美食中。

小 Q：那没有辣椒之前，我们的祖先不吃辣吗？

姜 sir：花椒和姜是中国古代最重要的辣味调料，还有芥辣，常见的有芥菜疙瘩，将芥菜的根茎洗干净后，去皮切条，然后用盐腌制起来。半个月后就有一股辣味。还有古诗"遥知兄弟登高处，遍插茱萸少一人"里的茱萸，也是辣味调料。

小 Q：听着都辣出眼泪了，有没有什么流口水的？

姜 sir：当然有，比如烧香菇、炒大虾、田鸡腿、笋鸡脯、烹河豚、烧鹿肉、带冻姜醋鱼、花珍珠、烹虎肉、油煎鸡、炙鸭、水煠（yè）肉等。明朝中后期之所以能够研究吃吃喝喝，根本原因是商业经济发展迅速，百姓生活富足。来自五湖四海的各类商品种类繁多，人们的生活水平提高了，自然会研究美食，比如明代时期盛行结社。

小 Q：什么是结社？

姜 sir：就是组织个团体，文人们坐在一起吟诗作对，讨论国家大事。也不能光聊天啊，多少得喝点儿茶，吃点儿点心，这就导致明朝时期出现了"诗社"与"茶社"，还出现了交流美食的"饮食社"。比如就有人专门组织过"蟹会",大家坐在一起讨论螃蟹的美味。

小Q：这个"饮食社"太适合我了!

姜sir：其实明朝最初是很节俭的,毕竟朱元璋出身于贫苦人家,当时一些大臣用菜粥招待客人,桌子上菜不过五样。一些地方的官员,每天也不过猪肉一斤,豆腐两块,蔬菜一把。但到了明朝中后期,这种节俭的风气不但消失了,还变得奢侈起来,官员请客吃饭置办宴席,一般要准备好几天,饭菜如果不够丰盛,会被人说小气。餐具用金银的都不算珍贵,得用玉做的。还要请乐队、舞队助兴,花钱雇用专业厨师做饭菜,南方的牡蛎、北方的熊掌、东海的鲅(fù)鱼、西域的马奶都可能出现在餐桌上。

小Q：这也太奢侈了,朱元璋要知道得气晕过去!

姜sir：明朝的茶叶行业飞速发展,黑茶、乌龙茶、红茶、花茶等各种茶叶相继出现。同时明朝的"泡茶法"是将茶叶放在茶壶中,用烧开的沸水冲泡后直接饮用。

小Q：这种喝茶法和原来的朝代有什么不一样吗?

姜sir：宋朝在喝茶时一般采用的是"点茶法"。"点茶法"就是先把茶砖碾碎,放到茶杯中倒上一点开水制成茶膏,再把开水倒进去,搅拌一下就可以喝了,就是把茶叶跟水一块儿喝下去。

小Q：明朝的还真是有点不同。

姜sir：明朝的酒文化也非常盛行，朱元璋比较喜欢喝酒，他登基之后解除了军队不能喝酒的禁令，从此酒文化逐渐盛行起来。在很多明朝小说中都能读到与酒相关的，《水浒传》里的很多英雄人物都有以酒交友、酒后闯祸、借酒发挥的精彩情节。比如朝廷为了招安水泊梁山的英雄好汉，派太尉陈宗善带着御酒到水泊梁山；林冲到草料场的时候，赶上大风雪，他到附近的小酒馆喝酒吃肉，然后买了一葫芦酒；吴用去说动"阮氏三雄"的时候，四个人在水边的小酒馆喝酒。《水浒传》里提到的好酒有"玉壶春""透瓶香""青花瓮酒""茅柴白酒""蓝桥风月""仙酒""头脑酒""浑酒"等，这些风雅的名字，就足以让人浮想联翩。其中"透瓶香"又称"出门倒"，武松就夸奖这酒"好生有力气"。《三国演义》里饮酒的场面也很多，比如关羽温酒斩华雄，曹操刘备煮酒论英雄。就连《西游记》里都有美猴王酒醉后大闹天宫的情节。

小Q：看来明朝真的很盛行酒文化。

姜sir：在吃吃喝喝中，我们要和明朝告别了，中国最后一个朝代清朝已经在等着我们了。清朝又有哪些精彩的历史呢？同样是少数民族，清朝会不会在元朝身上吸取经验教训呢？我们下节见。